国家电网 STATE GRID

国网技术学院培训系列教材

U0658027

电力营销业务应用系统

王金亮　主　编

中国电力出版社
CHINA ELECTRIC POWER PRESS

内 容 提 要

为提高培训质量，国网技术学院依据国家电网公司制订的培训方案，结合自身实训设施和培训特点，编写完成了《国网技术学院培训系列教材》。

本书为《国网技术学院培训系列教材 电力营销业务应用系统》分册，共分 7 个项目 34 项任务，主要包括应用系统基础操作、查询类基本操作、低压新装操作、用电检查管理操作、计量资产购置与检定操作、库房管理操作、配送管理操作。

本书可作为电力营销专业的培训教学用书，也可作为各电力培训中心及电力职业院校的电力营销专业教学参考书。

图书在版编目（CIP）数据

电力营销业务应用系统 / 王金亮主编 . —北京：中国电力出版社，2013.2（2018.9 重印）

国网技术学院培训系列教材

ISBN 978-7-5123-4034-3

Ⅰ . ①电…　Ⅱ . ①王…　Ⅲ . ①电力工业－市场营销学－职业培训－教材　Ⅳ . ①F407.615

中国版本图书馆 CIP 数据核字（2013）第 023799 号

中国电力出版社出版、发行

（北京市东城区北京站西街 19 号　100005　http://www.cepp.sgcc.com.cn）

北京雁林吉兆印刷有限公司印刷

各地新华书店经售

*

2013 年 2 月第一版　　2018 年 9 月北京第九次印刷

710 毫米×980 毫米　16 开本　10 印张　129 千字

印数 17531—19530 册　　定价 **30.00** 元

《国网技术学院培训系列教材》

编 委 会

前　言

为贯彻落实国家电网公司"人才强企"战略，积极服务公司"三集五大"体系建设和智能电网发展对技能人才的需求，打造高素质的技术、技能人才队伍，提升企业素质、队伍素质，增强培训的针对性和时效性，创新国内一流、国际先进的示范性培训专业和标杆性培训项目，国网技术学院组织院内专职培训师、兼职培训师及国家电网公司系统内专业领军人才、生产技术和技能专家，结合国网技术学院实训设施和高技术、高技能员工培训特点，坚持面向现场主流技术、技能发展趋势的原则，编写了《国网技术学院培训系列教材》。

《国网技术学院培训系列教材》以培养职业能力为出发点，注重从工作领域向学习领域的转换，注重情境教学模式，把"教、学、做"融为一体，适应成年人学习特点，以达到拓展思路、传授方法和固定习惯的目的。

《国网技术学院培训系列教材》开发坚持系统、精炼、实用、配套的原则，整体规划，统一协调，分步实施。教材编写针对岗位特点，分析岗位知识、技术、技能需求，强化技术培训、结合技能实训、体现情景教学、覆盖业务范围、适当延伸视野，向受训学员提供全面的岗位成长所需要的素质、技术、技能和管理知识。编写过程中，广泛调研和比较分析现有教材，充分吸取其他培训单位在探索培养高素质的技术技能人才和教材建设方面取得的成功经验，依托行业优势，校企合作，与行业企业共同开发完成。

《国网技术学院培训系列教材》在经过审稿和试用后，已具备出版条件，将陆续由中国电力出版社出版。

本书为《国网技术学院培训系列教材　电力营销业务应用系统》分册。全书分为 7 个项目：项目一是应用系统基础操作，项目二是查询类基本操作，项目三是低压新装操作，项目四是用电检查管理操作，项目五是计量资产购置与检定操作，项目六是库房管理操作，项目七是配送管理操作。全书由国网技术学院王金亮担任主编，山东电力集团公司王相伟担任主审，福建省电力公司苏子彦参审。

由于编者自身认识水平和编写时间的局限性，本系列教材难免存在疏漏之处，恳请各位专家及读者不吝赐教，帮助我们不断提高培训水平。

编　者

2013 年 1 月

目　录

应用系统基础操作

【项目描述】

介绍"SG186 工程"含义、系统结构特点和基本操作，包括系统配置、消息管理、自定义查询、流程图查询及相关的工作单基础操作等。

【教学目标】

（1）了解"SG186 工程"含义及系统结构、特点。

（2）熟练掌握系统的基本操作。

（3）熟悉系统平台内容，根据用户需求自定义查询相关信息。

（4）熟练掌握工作单的相关操作，并对流程中的"终止"、"回退"、"解锁"、"进程查询"等功能熟练应用。

（5）理解并掌握"待办工作单"、"已办工作单"、"历史工作单"之间的联系与区别。

任务一 系 统 概 述

【任务描述】

通过学习"SG186 工程"的含义、系统 IT 构架及结构特点，使学员掌握电力营销业务应用系统的相关基本知识。

一、"SG186 工程"含义

2006 年 4 月 29 日，国家电网公司提出了在全系统实施"SG186 工程"规划。其中"SG"是国家电网公司英文 STATE GRID 的缩写；"1"是构建企业级信息平台，即构筑由信息网络、数据交换、数据中心、应用集成、企业门户 5 个部分组成的一体化企业级信息集成平台；"8"是建设财务（资金）管理、营销管理、安全生产管理、协同办公、人力资源管理、物资管理、项目管理和综合管理 8 大业务应用；"6"是建立健全信息化安全防护、标准规范、管理调控、评价考核、技术研究、人才队伍 6 个保障体系。电力营销应用系统是为实现"SG186 工程"的总体目标和要求而建设的。"SG186 工程"构成如图 1-1 所示。

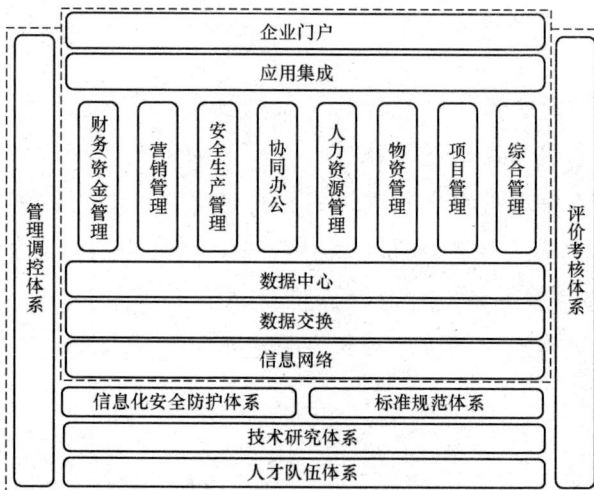

图 1-1 "SG186 工程"构成

二、系统 IT 构架概述

营销业务应用系统 IT 构架是各省公司采用独立的软硬件系统，为适应"大集中"管理模式构建的。为便于系统平台设备整体管理与维护，统一将数据中心设立在省公司，并统一设定安全访问策略。在省公司集中设立的服务器，承担全省电力营销业务的管理，全省仅部署一套系统，一个统一的通信接入平台，下级地市公司、基层供电单位通过全省的电力信息网访问省公司营销应用系统，实现业务的全省统一集中处理。

系统 IT 架构图如图 1-2 所示，由图可知系统是以计算机技术、网络技术和现代通信技术为基础，应用系统工程方法建立起来的自动化系统。其设计目标是功能上满足营业点各项业务的整体要求；技术上尽可能采用先进和成熟技术；性能上要做到安全可靠；应用上达到灵活、方便、实用。

该系统构架能够满足电力营销工作全业务、全过程的功能要求，实现抄表核算、收费、账务、业务扩充、计量管理、电力检查、负荷预测、统计报表、辅助决策等各个工作环节的自动化管理，最大限度地用计算机代替人工操作，减少人为干预，提高工作效率。构架方式提供科学、完整、可靠的数据管理机制，实现信息资源的共享和分布式存储数据的统一管理的大集中模式，体现了"大营销"建设理念。

三、系统结构特点概述

电力营销业务应用系统是国家电网"SG186 工程"系统配置组件，系统的信息化建设和应用是电力营销系统创新发展的重要支持手段。本系统的结构特点如下：

（1）应用和数据采用省级集中管理。

（2）系统采用 BS 模式，即客户端通过网页访问服务器，不用下载客户端。

（3）采用工作流引擎，系统流程通过配置流程图进行配置，功能界面简洁。

（4）采用图形化工具，实现营销业务流程的简便定义。

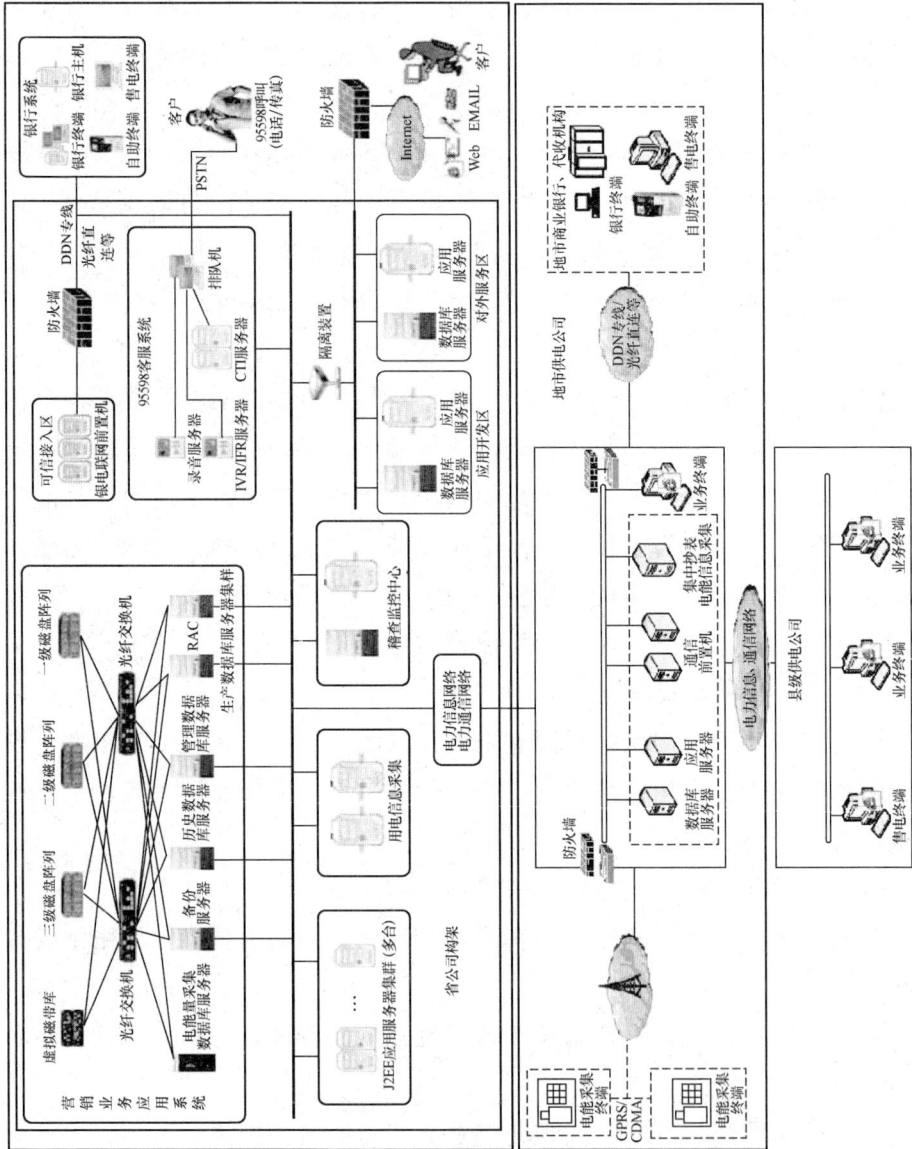

图 1-2　系统 IT 架构图

注：图中虚线框内容，根据各省公司具体情况选择部署。

应用系统基础操作

（5）可以动态地调整、完善和修改营销工作流程，实现营销业务的实时动态重组（针对要求）。

（6）在流程控制方面，可进行流程回退、流程挂起、流程恢复、流程中止、流程人工调度等各种特殊流程控制的实际需要。

（7）当营销业务办理期限已到时，系统发出相应的消息，通知用户超时；并且可以在任务到期前的固定时间给用户发出提醒消息。

（8）可以对流程活动的当前工作量进行统计，并提供超期用户清单、超期量、超期率等，对超期工作可进行异常报警。

（9）系统适应营销发展方式和管理方式的转变，进一步提升营销服务能力和水平，进一步规范营销管理及业务流程，满足"SG186工程"建设原则和要求，确保"统一领导、统一规划、统一标准、统一组织实施"，实现资源集约与共享。总体业务模型如图1-3所示。

（10）系统将营销业务相关领域划分为"客户服务与客户关系"、"电费管理"、"电能计量及信息采集"和"市场与需求侧"4个业务领域及"综合管理"，共19个业务类、138个业务项、762个业务子项。业务类包括"新装增容及变更用电"、"抄表管理"、"核算管理"、"电费收缴及账务管理"、"线损管理"、"资产管理"、"计量点管理"、"计量体系管理"、"电能信息采集"、"供用电合同管理"、"用电检查管理"、"95598业务处理"、"客户关系管理"、"市场管理"、"有序用电管理"、"稽查及工作质量"、"客户档案资料管理"、"能效管理"和"客户联络"。

由图1-3可知，系统把整个电力营销业务划分为19个业务类，为客户提供各类服务，完成各类业务处理，为供电企业的管理、经营和决策提供支持；同时，通过营销业务与其他业务的有序协作，提高整个电网企业信息资源的共享度。该系统支持营销业务应用的一体化、集成化。

電力营销业务应用系统

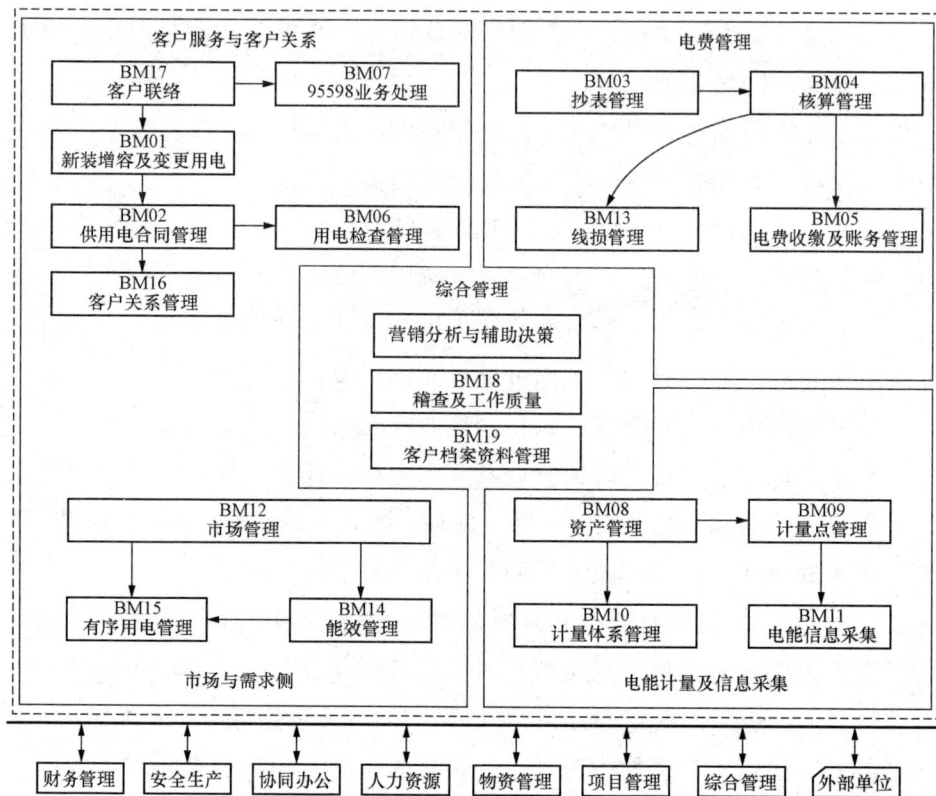

图 1-3 总体业务模型

任务二 系统配置

【任务描述】

通过学习电力营销业务应用系统的登录和配置方法，了解系统的使用模式。

打开 IE 浏览器，在地址栏里输入网址 http://192.168.9.12:8001/web/ 或 http://192.168.9.68:8001/web/登录应用服务器。第一次登录"SG186 工

程"系统时，应先对 IE 浏览器进行安全设置，以免在操作系统时出现不便。首先，点击 IE 浏览器菜单栏"工具"，点击"Internet 选项"，在弹出的 Internet 选项框中，在安全列表下点击【自定义级别】按钮，在弹出的安全设置对话框中，把 ActiveX 控件和插件都启用，安全设置如图 1-4 所示。

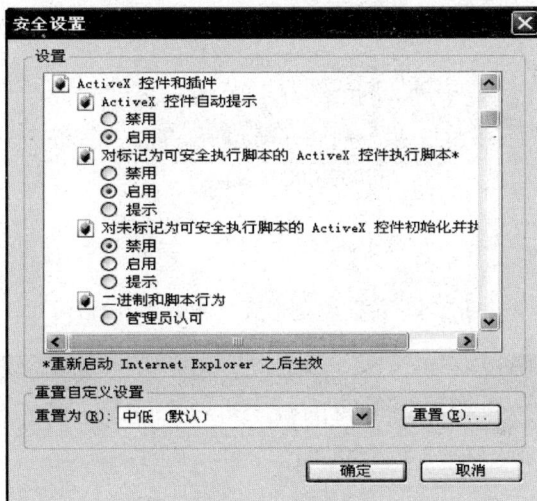

图 1-4 安全设置

系统在操作过程中，会出现一些提示消息框，如果 IE 浏览器开启"弹出窗口阻止程序"或者将 ActiveX 控件和插件禁用，系统的消息提示会被拦截，造成操作人员在不知情的情况下为用户办理业务。关闭浏览器弹出窗口阻止程序如图 1-5 所示。

系统在实际操作中需要安装 JRE 控件，才能进行图形化流程查询。因此登录系统后，要在"我的桌面"中点击"下载中心"，安装 jre-1.5 插件，若需打印单据，则需安装如意报表等插件，如图 1-6 所示，将列表中的前3 个插件下载安装。

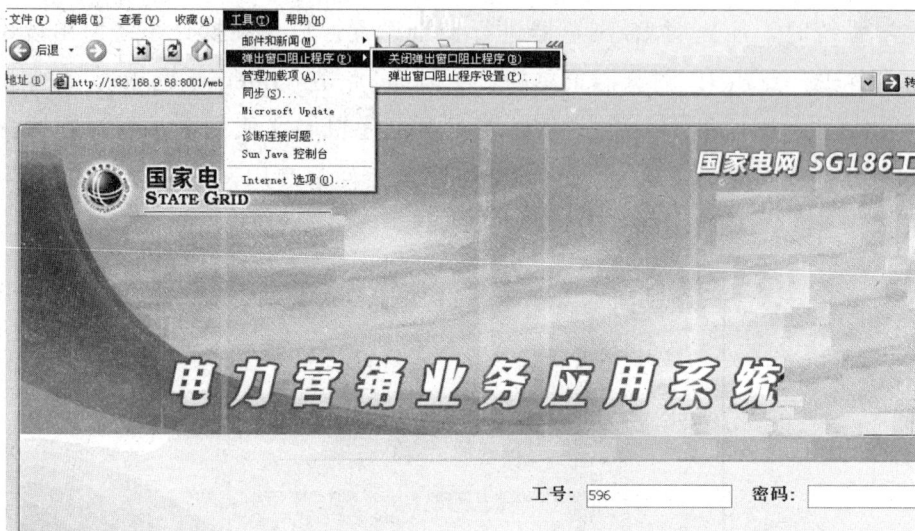

图 1-5　关闭浏览器弹出窗口阻止程序

图 1-6　下载中心

　　需要设定用户配置时，打开【系统支撑功能】主菜单，点击子菜单项【工作流管理】，在左侧展开的列表中可以看到用户配置选项，如图 1-7 所示。例如，点击【框架配置】选项，选择【95598 框架】，则进入 95598 的相关操作界面；如选择【默认框架】，则系统还在当前状态。需要注意的是更改操作需要在重新登录系统后才生效，为了便于教学，培训时请不要进行信息和密码修改类的操作。

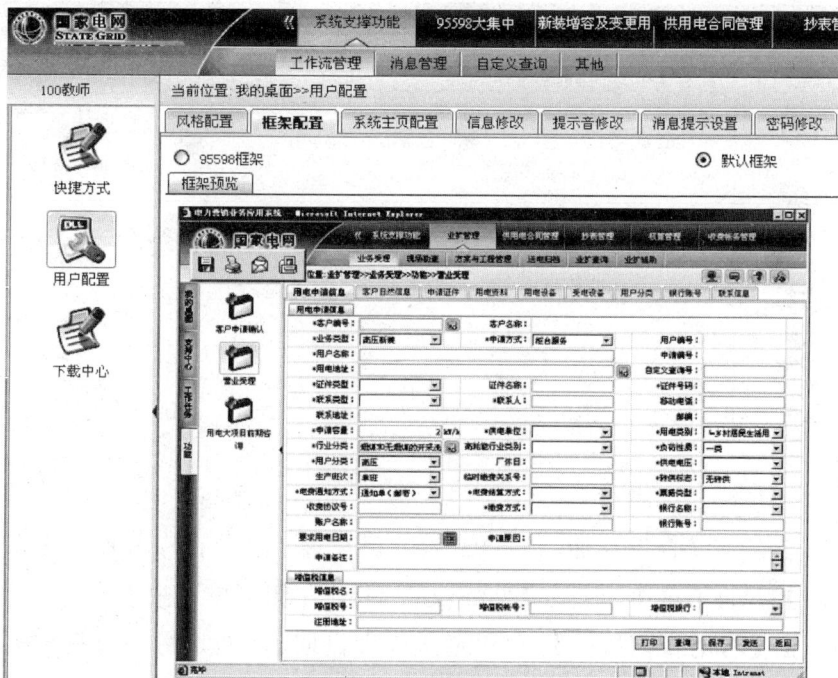

图 1-7　框架配置

任务三　消息管理与帮助查询

【任务描述】

通过学习系统支撑功能的消息管理及自定义查询来初步学习使用系统的支撑功能。

若进行消息的收发管理，可以打开【系统支撑功能】主菜单，点击子菜单中【消息管理】，可在左侧展开的【功能】列表中看到【接收消息】选项，点击【接收消息】，打开接收消息列表，通过发送人、状态、起始日期、截止日期等查询【接收消息】的相关信息，如图1-8所示。

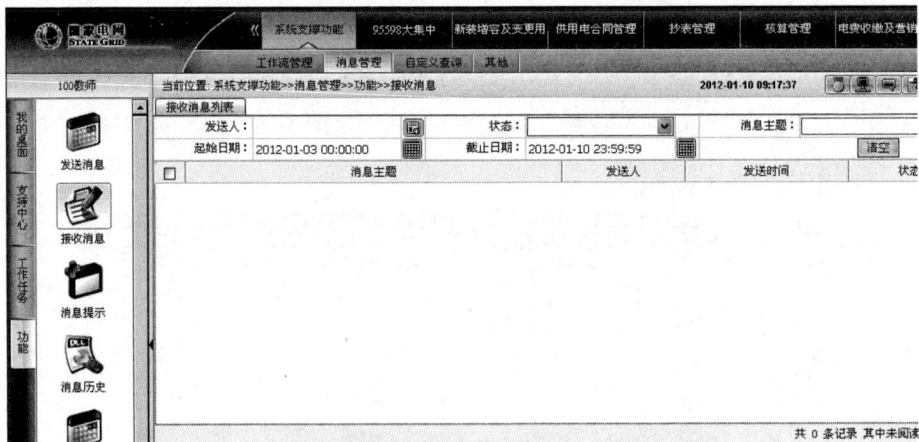

图1-8　接收消息

对于自定义查询功能，该项目教师已设置了部分程序，点击【系统支撑功能】下的子菜单，点击【自定义查询】，左侧菜单选中【功能】的子菜单中点击【常用查询执行】，可以通过流程日期、流程名称等进行相关内容的查询，如图1-9所示。

在帮助中心，可对组件、常见问题与解答等进行查询。点击【系统支撑功能】下的子菜单【其他】，在左侧的子菜单中的帮助列表中点击【帮助中心】，点击【帮助中心】下的【常见问题与查询】，在【常见问题与查询】下可以查询常见的一些问题，对于问题的相关答案在帮助内容中可作为参考，如图1-10所示。

对于流程图的查询，在系统支撑功能>>工作流管理>>流程配置>>流程图查询，该界面显示所有流程的流程图，例如：要查询违约用电、窃电管理的流程图，在"所有流程"的下拉选项中点击【用电检查管理】，在出现的子菜单中点击【违约用电、窃电管理】，就可以看到违约用电、窃电管理的流程图，如图 1-11 所示。

图 1-9　常用查询执行

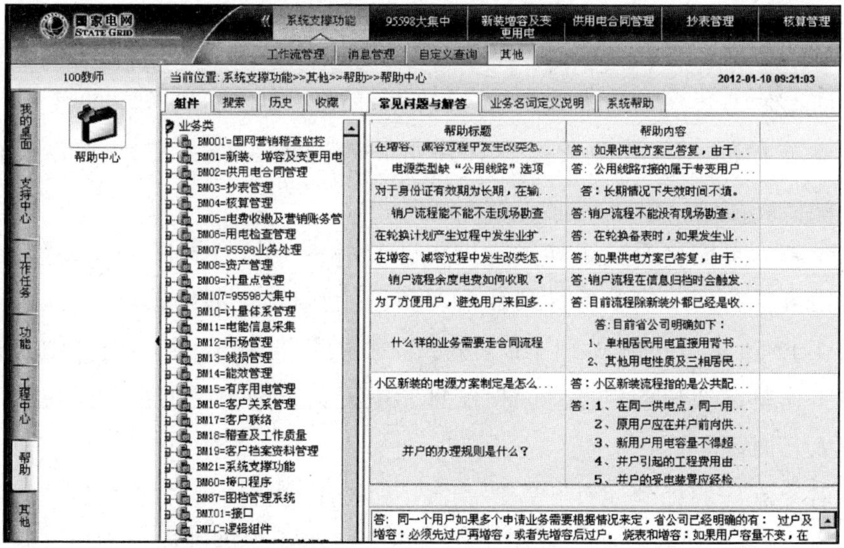

图 1-10　帮助中心

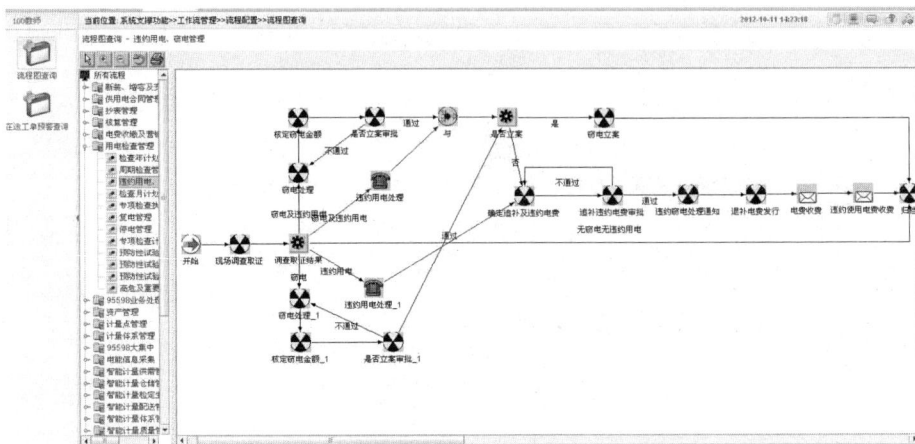

图 1-11　流程图查询

任务四　工作单类型与应用

【任务描述】

通过学习系统工作任务，了解待办、已办和历史工作单的区别，通过对工作单的查询和配置操作，掌握快速获取工作单和操作工作单的方法。

在系统支撑功能>>工作流管理>>工作任务>>待办工作单，在"主单"中我们可以看到工作单条目具有不同颜色，例如有一部分工作单是红色的，如图 1-12 所示。在图 1-13 的"待办颜色说明"中，可以看到红色区域表示该工作单已经超期。在"流程信息"中可以查询相关工作单的情况，如发起人、时间等。

对于流程的处理还有一些功能键，如图 1-13 所示，功能键有"配置"、"工作单统计"、"统计"、"回退"、"调度"、"终止"、"进程查询"、"图形化流程查询"。例如，在"待办工作单"中，点击【配置】，则出现"用户信息”对话框，如图 1-14 所示。在“请选择业务类型”中，选择“配送执行”，点击【确定】。返回后在主窗口中除了“主单”、“配单”之外，又出现了“配送执行”，如图 1-15 所示。在“配送执行”下，流程名称都是“配送执行”，这样使我们可以更有目的性地对工作单进行操作。

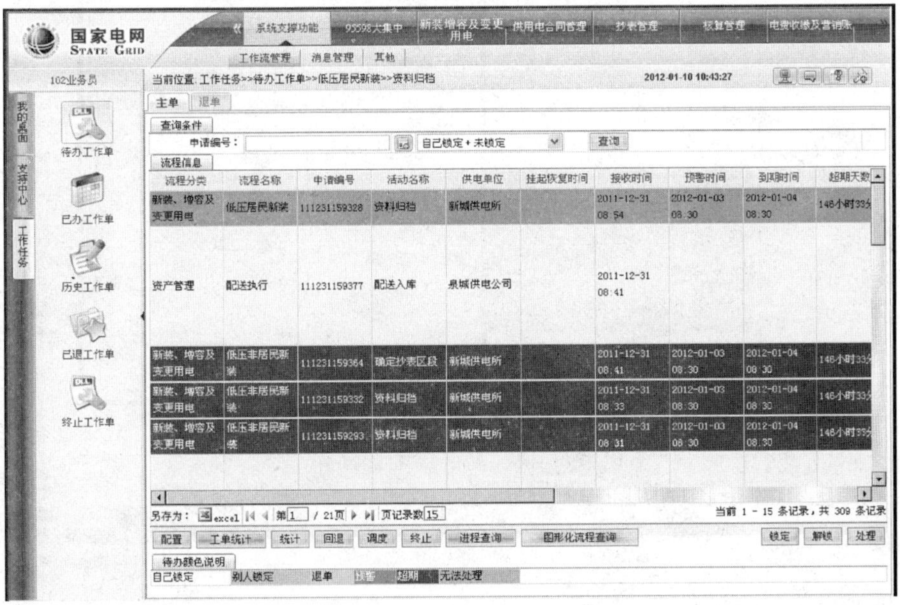

图 1-12　待办工作单

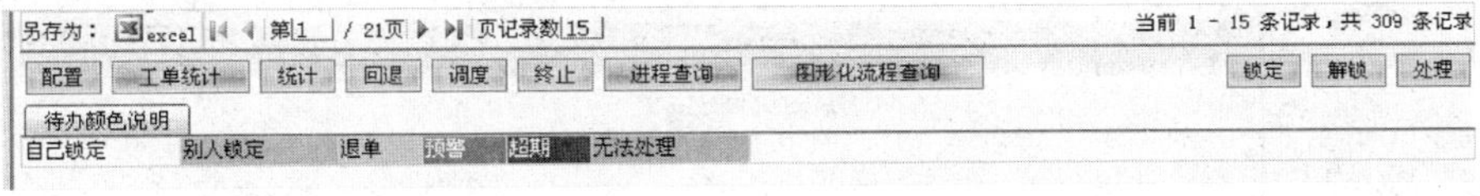

图 1-13　相关功能键

对于【统计】按钮可以查询工作单的整体情况和数目。对于“锁定”和“解锁”键用于工作单的操作，只有锁定人才能对锁定工作单进行处理，如果锁定别人工作单，选中工作单点击【解锁】来处理，“处理”键目的是工作单的选中和处理，也可以选中工作单双击进行处理。

电
力
营
销
业
务
应
用
系
统

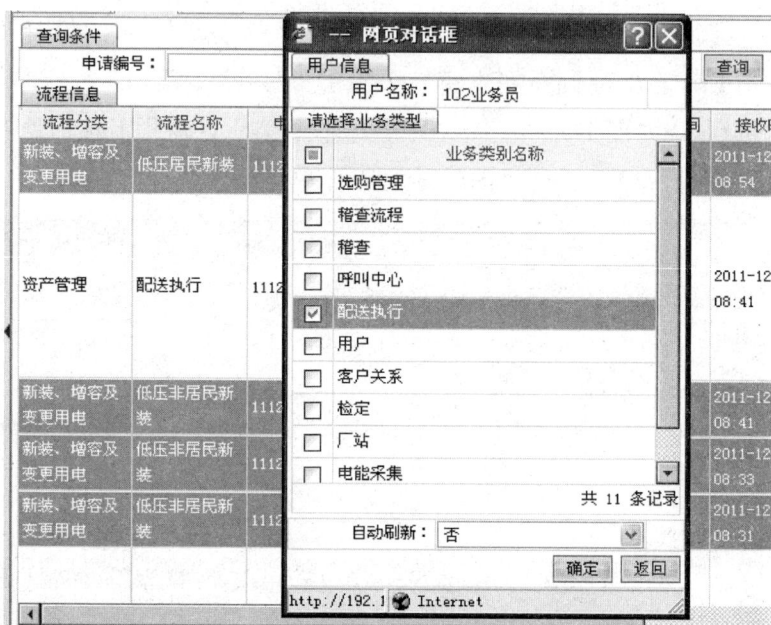

待办工作单

已办工作单

历史工作单

已退工作单

终止工作单

查询条件		
申请编号：		
流程信息		

流程分类	流程名称	
新装、增容及变更用电	低压居民新装	1112
资产管理	配送执行	1112
新装、增容及变更用电	低压非居民新装	1112
新装、增容及变更用电	低压非居民新装	1112
新装、增容及变更用电	低压居民新装	1112

查询

接收时

2011-12
08:54

2011-12
08:41

2011-12
08:41

2011-12
08:33

2011-12
08:31

—— 网页对话框

用户信息	
	用户名称： 102业务员
请选择业务类型	

	业务类别名称
☐	选购管理
☐	稽查流程
☐	稽查
☐	呼叫中心
☑	配送执行
☐	用户
☐	客户关系
☐	检定
☐	厂站
☐	电能采集

共 11 条记录

自动刷新： 否

确定　返回

http://192.1　Internet

图 1-14　功能键配置操作

国家电网 STATE GRID	系统选择功能	95598大集中	新装增容及变更用电	供用电合同管理	抄表管理	核算管理	电费收缴及

工作流管理	消息管理	其他

102业务员

当前位置 工作任务>>待办工作单>>配送执行>>配送入库　　　　2012-01-16 17:01:19

配送执行	主单	退单

查询条件

申请编号：　　　　　　　　　　　自已锁定+半锁定　　　查询

流程信息

流程名称	申请编号	活动名称	供电单位	挂起恢复时间	超期天数（小时）	预警时间	接收时间	到期时间
配送执行	111231159377	配送入库	泉城供电公司				2011-12-31 08:41	
配送执行	111231159343	配送入库	泉城供电公司				2011-12-31 06:27	
配送执行	111231159235	配送入库	泉城供电公司				2011-12-31 08:13	
配送执行	111231159193	配送入库	泉城供电公司				2011-12-31 08:11	
配送执行	111231159184	配送入库	泉城供电公司				2011-12-31 08:10	
配送执行	111230159096	配送入库	泉城供电公司				2011-12-30 14:30	
配送执行	111230159083	配送入库	泉城供电公司				2011-12-30 14:26	
配送执行	111230158804	配送入库	泉城供电公司				2011-12-30 08:25	

待办工作单

已办工作单

历史工作单

已退工作单

终止工作单

图 1-15　配送执行类工作单

功能键里的"流程化图形查询"功能，在"待办工作单"下，选定需要处理的工作单，点击界面下方的"图形化流程查询"，可以清晰地看到从业务开始到业务结束的所有相关流程的流程图。在流程图里，绿色圆圈表示已经做完的流程，红色圆圈表示正在做还没有完成的流程，如图 1-16 所示。

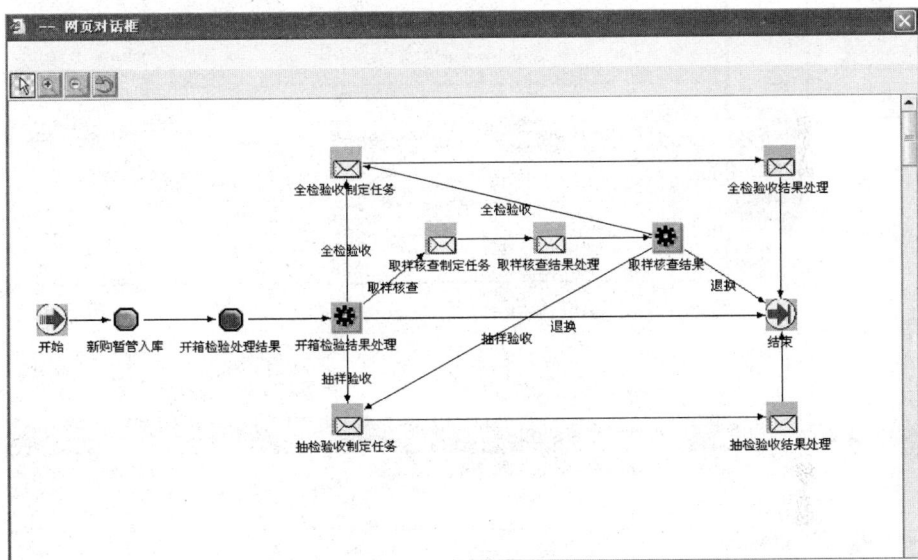

图 1-16 图形化流程查询

功能键里的"进程查询"功能，在"待办工作单"下，选定需要处理的工作单，点击界面下方的"进程查询"，在子菜单"进程查询"中，我们可以看到"进程查询"的相关信息，例如：流程实例信息、流程活动信息、流程摘要，点击相应环节可查有权限处理人员等具体相关信息，如图 1-17 所示。

对于正在处理的流程，要查询某些环节已经操作完毕但未完结的流程，可以在系统支撑功能>>工作流管理>>工作任务>>已办工作单，通过申请编号、环节开始时间、环节结束时间等进行相关查询，如图 1-18 所示。

电力营销业务应用系统

图 1-17　进程查询

图 1-18　已办工作单

若该工作单的所有流程全部结束，可以在系统支撑功能>>工作流管理>>工作任务>>历史工作单，通过申请编号、环节开始时间、环节结束时间等进行相关查询，如图 1-19 所示。

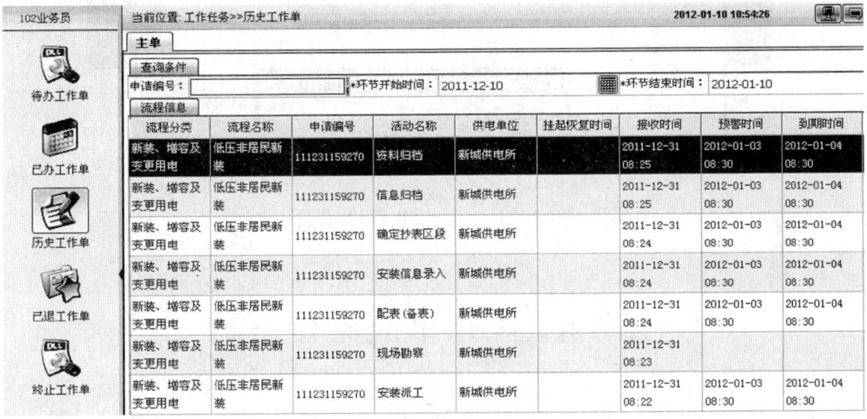

流程分类	流程名称	申请编号	活动名称	供电单位	挂起恢复时间	接收时间	预警时间	到期时间
新装、增容及变更用电	低压非居民新装	111231159270	资料归档	新城供电所		2011-12-31 08:25	2012-01-03 08:30	2012-01-04 08:30
新装、增容及变更用电	低压非居民新装	111231159270	信息归档	新城供电所		2011-12-31 08:25	2012-01-03 08:30	2012-01-04 08:30
新装、增容及变更用电	低压非居民新装	111231159270	确定抄表区段	新城供电所		2011-12-31 08:24	2012-01-03 08:30	2012-01-04 08:30
新装、增容及变更用电	低压非居民新装	111231159270	安装信息录入	新城供电所		2011-12-31 08:24	2012-01-03 08:30	2012-01-04 08:30
新装、增容及变更用电	低压非居民新装	111231159270	配表（备表）	新城供电所		2011-12-31 08:24	2012-01-03 08:30	2012-01-04 08:30
新装、增容及变更用电	低压非居民新装	111231159270	现场勘察	新城供电所		2011-12-31 08:23		
新装、增容及变更用电	低压非居民新装	111231159270	安装派工	新城供电所		2011-12-31 08:22	2012-01-03 08:30	2012-01-04 08:30

图 1-19　历史工作单

系统支持申请编号的模糊查询，若要在待办工作单中通过申请编号查询，只需要输入申请编号的后 4 位或 5 位即可查询，申请编号的前几位 1112291×××××都是系统按规则生成，基本相同，所以操作时只需要输入后几位编号即可查询。对于工作单查询也可以进行筛选，如图 1-20 所示，可以看到自行查询的范围，在 上可以点击进行具体查询，如图 1-21 所示。例如可查询发起人为自己工号的工作单，也可按流程分类查询工作单。

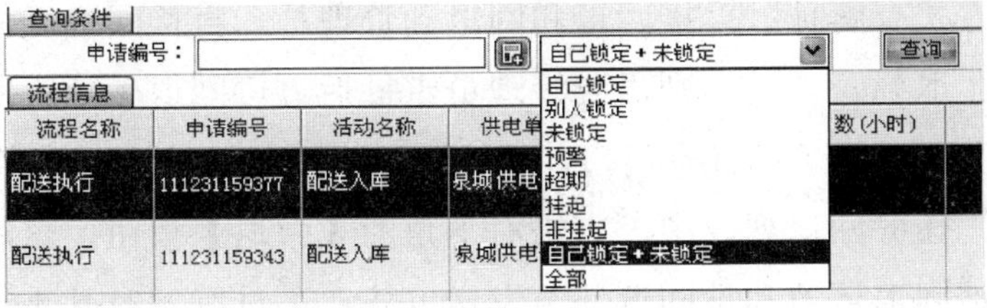

图 1-20　工作单查询范围

图 1-21　工作单查询条件

任务五　工作单的流程控制

【任务描述】

通过学习工作单流程控制，熟悉特殊工作单的处理方法。

流程控制方面，可进行流程回退、流程挂起、流程恢复、流程中止、流程人工调度等各种特殊流程控制。

工作单回退是一个比较常用的功能，各种流程练习中或现场使用中会出现方案制订有误或是用户的申请信息填写不准确等操作上的失误，这时就需要通过回退工作单来及时修改更正信息。在待办工作单中，点击【回退】按钮，会出现如图 1-22 所示页面。

回退方式有两种：直接回退和回退到管理员，直接回退无需审批，如果是选择回退到管理员，则需要管理员审批后方可回退生效；回退的审批是在系统支撑功能>>工作流管理>>左侧任务管理器的流程监控>>流程管理与监控，任务回退列表中，点击右下角的【回退】按钮，这时是由管理员来确定被回退环节和被回退环节发送方式；不过练习时基本上都是选择直接回退方式，这种操作更直接，由自己来确定被回退环节和被回退环节发送方式，如图 1-22 所示。

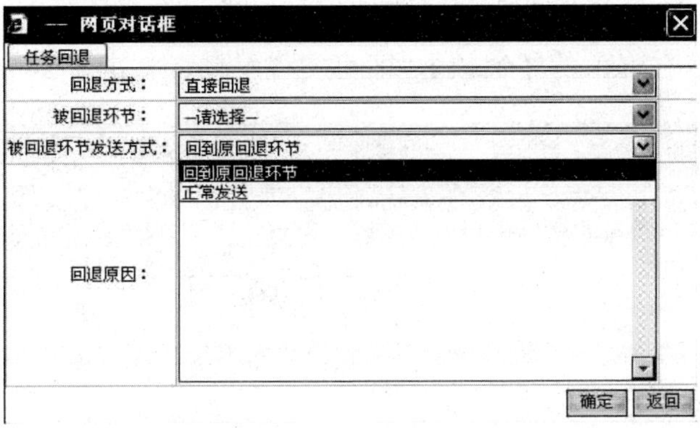

图 1-22　工作单回退操作

需要注意的是被回退环节发送方式，如果选择回到原回退环节方式，如从"配表"环节回退到"现场勘察"环节，"现场勘察"发送后直接发送到"配表"环节；如果是选择正常发送，即从"被回退环节"正常发送后将一步一步按流程做到"当前被回退"环节。注意不是每个环节都可进行回退操作。

在待办工作单中，点击【终止】按钮，输入任务终止的原因，然后经过审批才可生效；到系统支撑功能>>工作流管理>>左侧任务管理器的流程监控>>流程管理与监控，任务终止审批列表中，查询相关工作单，点击右下角的【终止审批】按钮，若审批不同意，则此工作单仍处于激活状态，可以返回待办工作单中继续处理；审批同意时此工作单终止成功，将成为历史工作单，如图 1-23 所示。（备注：对于已经收取业务费、已经装计量装置或已经信息归档等的工作单不可进行终止）

如果出现自己的工作单被别人锁定，可以通过两种方法进行解锁。第一种方法是提醒锁定人或用锁定人的工号登录，在"待办工作单"中找到自己的工作单，点击"解锁"，即可解锁。第二种方法是通过"强制解锁"

功能解除锁定,在系统支撑功能>>工作流管理>>流程监控>>流程图管理与监控,在"强制解锁"页面通过申请编号查询到被锁定的工作单,选定该工作单,点击右下角的【解锁】,即可实现解锁,如图1-24所示。

图 1-23　任务终止审批

【操作实例】

　　根据本章内容进行具体系统设置,通过新城供电所分配自己工号登录系统,进行相关熟悉性操作;针对工作单查询待办工作单、已办工作单和历史工作单操作,对比其区别。在待办工作单下锁定并解锁别人的工作单。

　　在待办工作单下找寻半个月以前本工号发起的工作单,并选择部分工作单进行工作单终止操作,并进行相关审批操作。

图 1-24　强制解锁

查 询 类 基 本 操 作

【项目描述】

介绍系统中查询类基本操作，通过实践操作练习根据具体实例查询用户信息、工作单信息和计量资产信息等。

【教学目标】

（1）熟练掌握系统中的查询类基本操作。

（2）根据具体实例，可以熟练查询工作单、流程信息以及资产的相关信息。

（3）根据本情境所学内容，可以独立准确地完成实训案例。

任 务 一 查 询 操 作 概 述

【任务描述】

通过学习用户的信息查询、工作单查询和资产查询等基本知识，了解业务应用系统的数据获取方式，并了解相关查询任务。

在实际工作中，工作人员经常会根据"用户编号"查询用户信息或计量信息等。例如：查询用户电气联系人、台区编号、变压器的"试验日期"、变压器的"厂家名称"、计量方式、电能表的"综合倍率"、用户计量点的电量计算方式、变压器安装日期、变损（变压器损耗的简称）编号、抄表段编号、峰段电度电价、业务收费项目的收费金额等信息。

根据工作单查询工作单信息或流程信息。如查询工作单的目前状态、发起人或者某个环节具有权限的处理人等。

根据资产编号等查询资产的相关信息和流程。如查询资产购置信息、检定环节及出入库信息、资产库房信息等。

为了说明其操作方法，给出以下查询类任务指导实例：

一、用户信息查询

【例2-1】 高压用户：003256666（用户编号可课堂给定），查询"台区编号"；变压器的"试验日期"、"厂家名称"、"计量方式"，电能表的"综合倍率"。

【例2-2】 查找用户编号为0011223333的用户计量点级数2的电量计算方式和定量定比值。

【例2-3】 查找"南胡"，用户编号尾数为43464的用户，变压器安装日期、变损编号、抄表段编号、峰段电度电价。

二、工作单查询

【例2-4】 查询用户编号为0065215661的"工作单查询"中第二次业务收费项目的收费金额。

三、计量资产查询

【例2-5】 查询资产编号为370110003435663的检定信息、出入库信息和表计的相关参数。

任务二 用户信息查询

【任务描述】

通过对用户信息查询具体方法的介绍，以及利用用户实例查询操作练习，使其掌握利用查询类操作来获取系统中用户各种信息的方式。

【例 2-1】 高压用户：003256666（用户编号由课堂给定），查询"台区编号"；变压器的"试验日期"、"厂家名称"、"计量方式"，电能表的"综合倍率"。

（1）使用新城供电所工号登录系统（注：1××归属泉城供电公司>开发区供电部>新城供电所；1××中的××为座位号，本书以下相同不再说明），每个查询用户由实训教师公布 Excel 表格指定。

（2）新装、增容及变更用电>>业扩查询>>功能>>客户信息统一视图。

（3）填写"用户编号"：003256666，点【查询】。

（4）选择查询得到的记录，点【确认】打开，如图 2-1 所示。

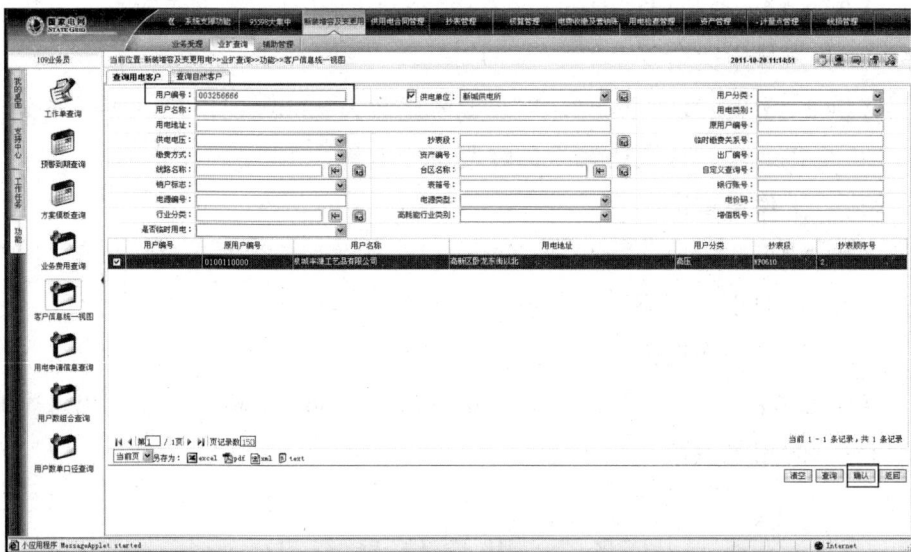

图 2-1　根据用户编号查询工作单

（5）客户基本信息>>受电设备，找到变压器记录，如图 2-2 所示，点【查看】，即可找到"台区编号"、"试验日期"、"厂家名称"，如图 2-3 所示。

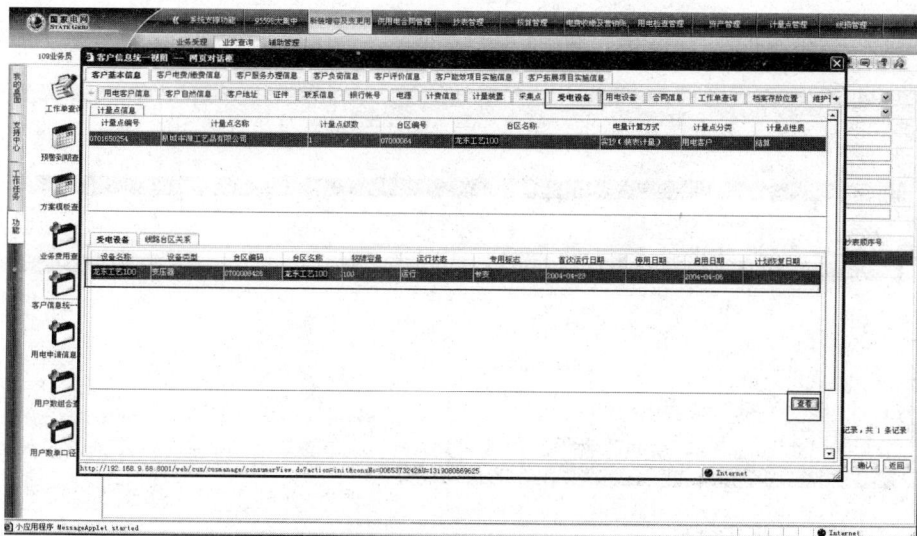

图 2-2　受电设备相关信息

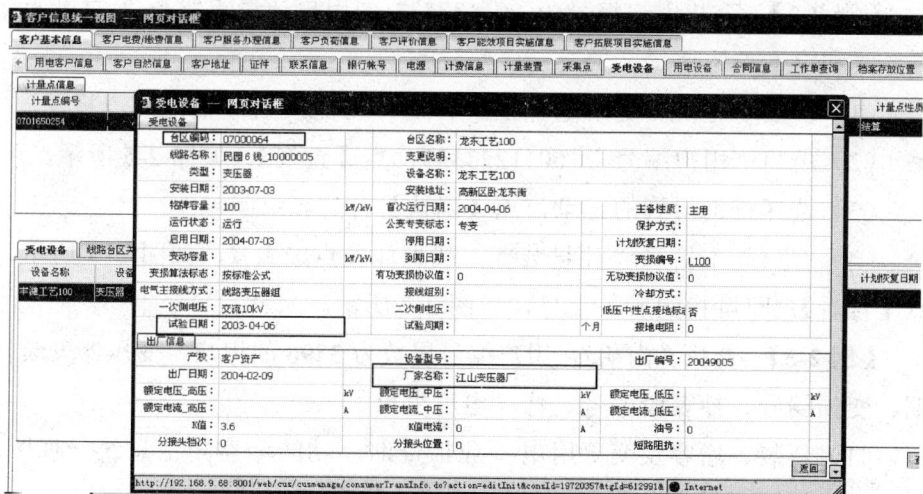

图 2-3　受电设备及出厂信息等相关信息

（6）点【返回】，在客户基本信息>>计量装置>>电能表选项卡中，可以查到电能表的综合倍率，如图 2-4 所示。

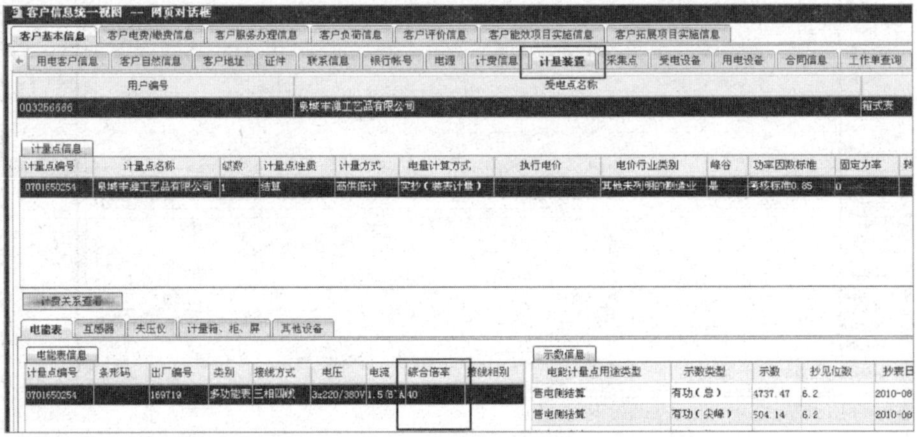

图 2-4　计量装置相关信息

【例 2-2】　查找用户编号为 001122333 的用户计量点级数 2 的电量计算方式和定量定比值。

（1）新装增容及变更用电>>业扩查询>>功能>>客户信息统一视图。

（2）填写"用户编号"：0011223333，点【查询】，如图 2-5 所示。

（3）选择查询得到的记录，点【确认】打开。

（4）客户基本信息>>计量装置，找到计量点级数 2，如图 2-6 所示；点【查看】，即可找到所需信息，如图 2-7 所示。

【例 2-3】　查找"南胡"，用户编号尾数为 3796 的用户，变压器安装日期、变损编号、抄表段编号、峰段电度电价。

（1）新装、增容及变更用电>>业扩查询>>功能>>客户信息统一视图。

（2）填写"用户名称"：南胡，点【查询】。

（3）在查询结果中找到所需记录，点【确认】，如图 2-8 所示。

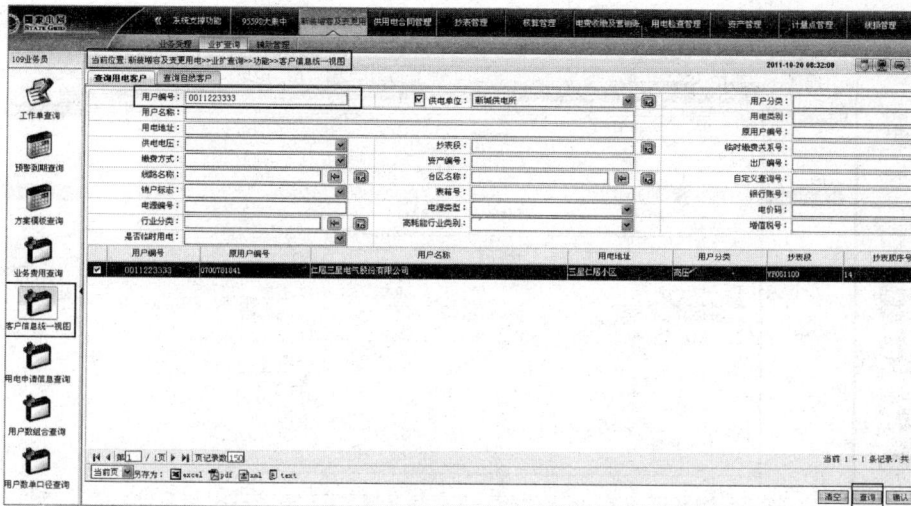

图 2-5　客户信息统一视图

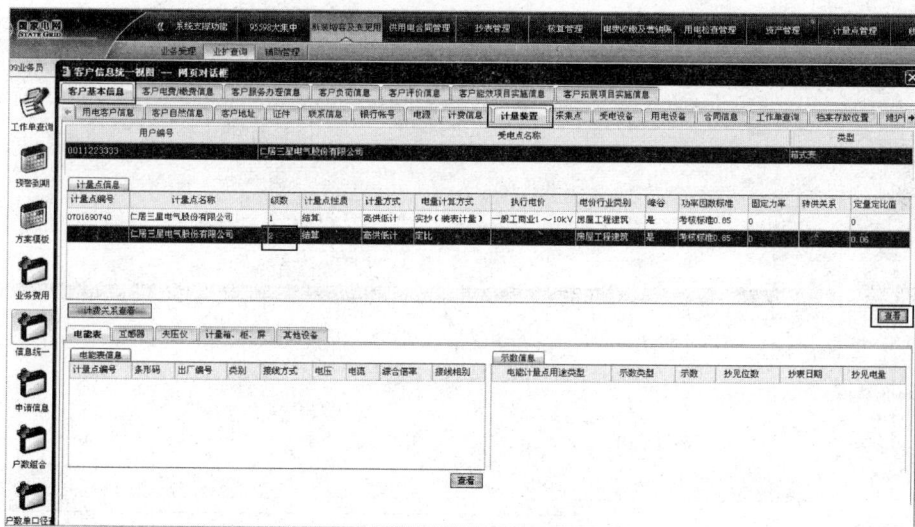

图 2-6　计量装置相关信息

图 2-7　计量点方案相关信息

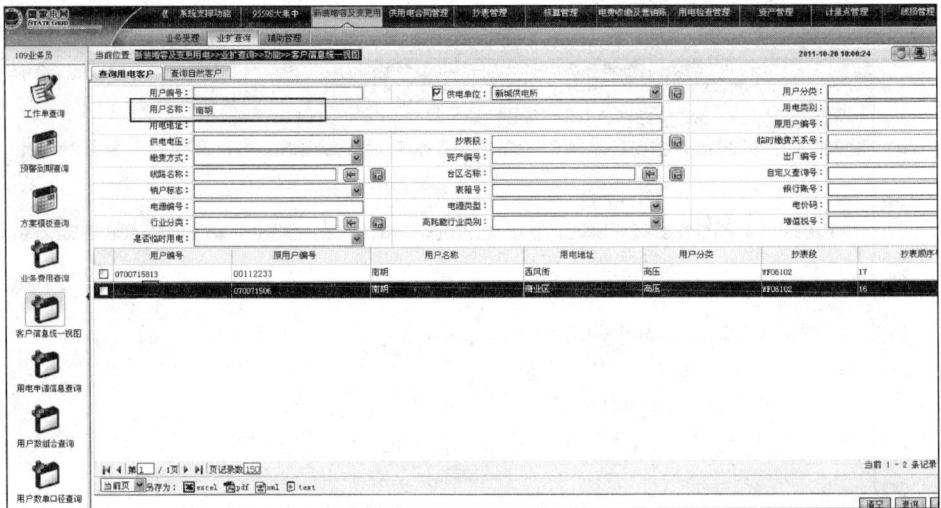

图 2-8　根据用户名称查询工作单

（4）客户基本信息>>受电设备，找到变压器记录，如图 2-9 所示，点

【查看】：即可找到变压器安装日期和变损编号，如图 2-10 所示。

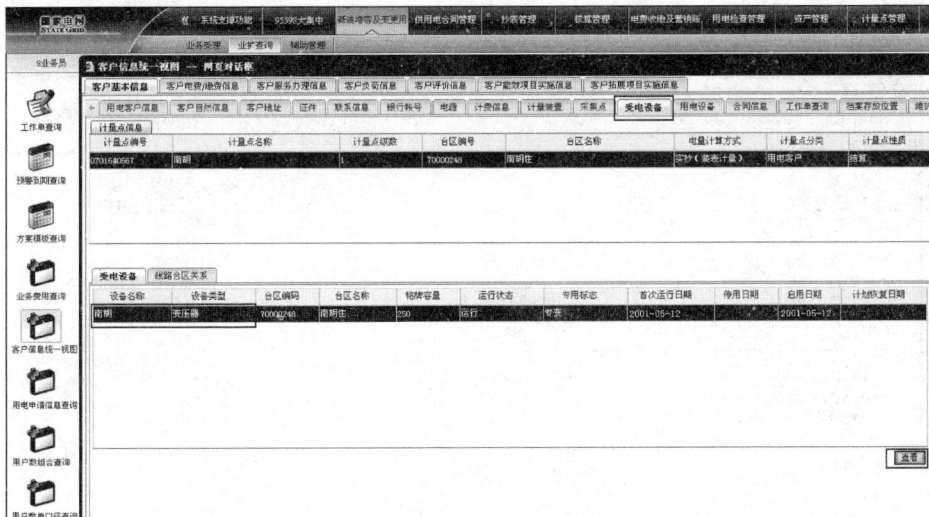

图 2-9　通过受电设备查找变压器记录

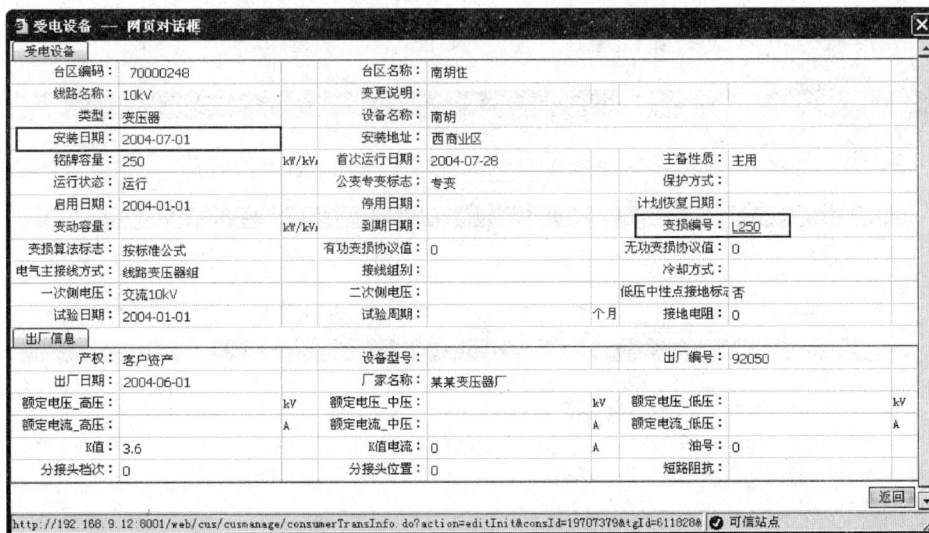

图 2-10　受电设备的相关信息

（5）客户基本信息>>用电客户信息，即可找到抄表段号，如图 2-11 所示。

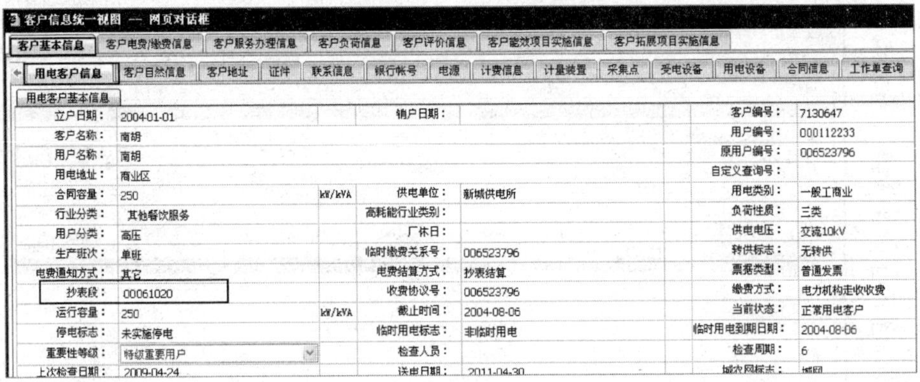

图 2-11　用电客户信息

（6）客户基本信息>>计费信息>>用户电价，可以看到用户执行的电价标准为"一般工商业 1～10kV"，如图 2-12 所示；直接点击即可打开电价标准，从中可以找到峰段电度电价，如图 2-13 所示。

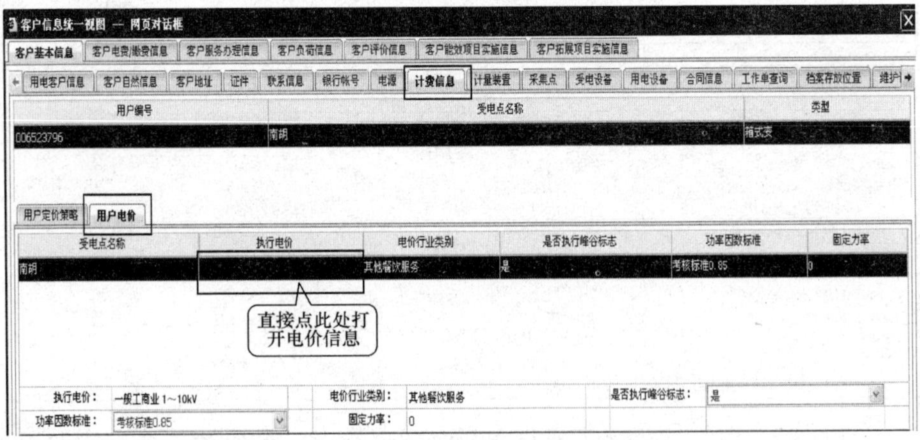

图 2-12　计费信息

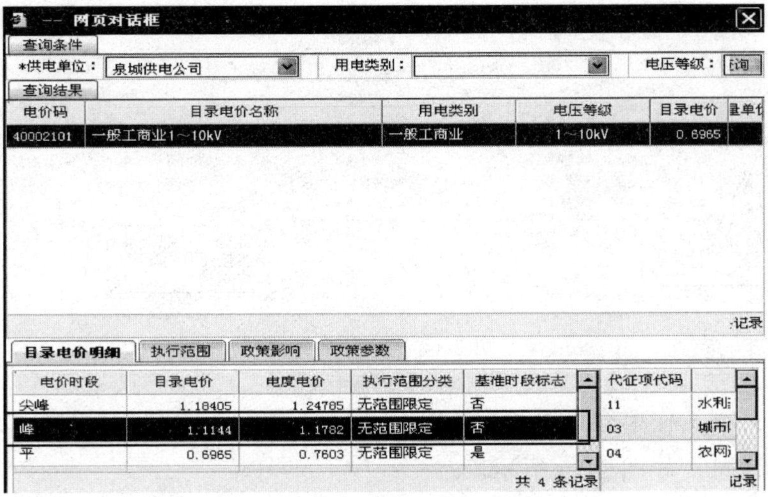

图 2-13　目录电价明细

任务三　工作单查询

【任务描述】

通过学习工作单类查询的具体操作方法，使其掌握获取系统中工作单信息的方法。

【例 2-4】　用户编号为 0065215661 的"工作单查询"中第二次业务收费项目的收费金额。

（1）新装增容及变更用电>>业扩查询>>功能>>客户信息统一视图。

（2）填写"用户编号"：0065215661，点【查询】。

（3）选择查询得到的记录，点【确认】打开。

（4）客户基本信息>>工作单查询，按时间升序找到第二次业务费收取记录，点击相应申请编号，打开工作单，如图 2-14 所示。

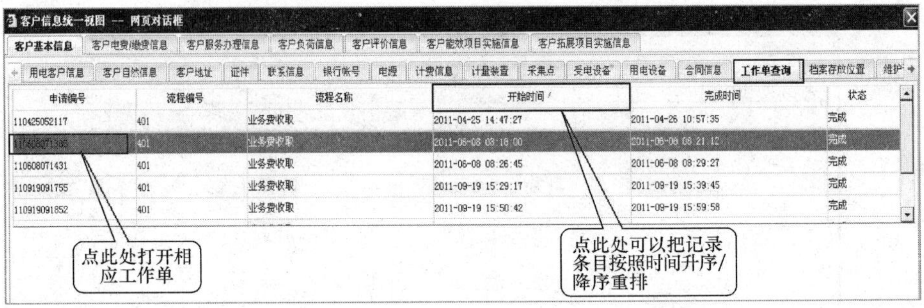

图 2-14　工作单查询

（5）在工作单查询页面中，找到"业务费用"选项卡，即可查到所需的收费信息，如图 2-15 所示。

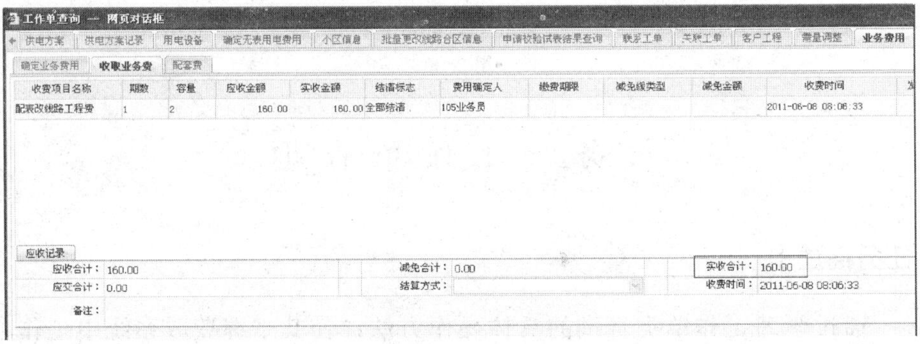

图 2-15　业务费用查询

任务四　计量资产查询

【任务描述】

通过资产实例查询的操作介绍，使其掌握查询计量资产多种信息的方法。

【例 2-5】 查询资产编号 370110003435663 的检定信息、出入库信息和表计的相关参数。

（1）资产管理>>公共查询>>功能>>查询计量资产。

（2）填写"资产编号"：370110003435663，点【查询】。

（3）选择查询得到的记录，点【确定】打开。

（4）点"检定"菜单，查询检定信息，如图 2-16 所示。

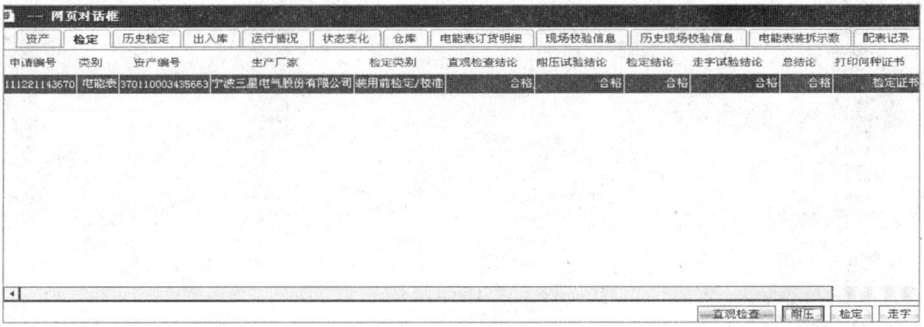

资产	检定	历史检定	出库	运行情况	状态变化	仓库	电能表订货明细	现场校验信息	历史现场校验信息	电能表装拆数	配送记录
申请编号	类别	资产编号	生产厂家	检定类别	直观检查结论	耐压试验结论	检定结论	走字试验结论	总结论	打印问种证书	
111221143670	电能表	370110003435663	宁波三星电气股份有限公司	装用前检定/核准	合格	合格	合格	合格	合格	检定证书	

直观检查 耐压 检定 走字

图 2-16 检定信息查询

（5）切换到"出入库"页面，查询出入库信息，如图 2-17 所示。

资产	检定	历史检定	出库	运行情况	状态变化	仓库	电能表订货明细	现场校验信息	历史现场校验信息

申请编号	资产编号	出厂编号	类型	出入库原因	出入库类别	领退部门	领退人员	领退时间
111221143669	370110003435663	370110003435663	电子式-多功能	检定/检测入库	入库	电能计量中心	560计量人员	2011-12-21
111222144127	370110003435663	370110003435663	电子式-多功能	配送入库	入库	营业科	160业务员	2011-12-22
111221143455	370110003435663	370110003435663	电子式-多功能	新购设备暂管入库	入库	电能计量中心	560计量人员	2011-12-21
	370110003435663	370110003435663	电子式-多功能	检定/检测出库	出库	电能计量中心	560	2011-12-21
111222144127	370110003435663	370110003435663	电子式-多功能	配送出库	出库	电能计量中心	560	2011-12-22

出入库任务

出入库原因：	检定/检测出库	出入库标志：	出库
设备状态：		制造单位：	泉城电气股份有限公司
型号：	DTSD188	线路电压：	3x220/380V
变比：		接线方式：	三相四线

图 2-17 出入库信息查询

（6）切换到"资产"页面，查询表计参数信息，如图2-18所示。

图 2-18　表计参数信息查询

【操作实例】

通过系统的查询功能完成如下案例任务。

（1）在新城供电所查询本人所用工号最近一次归档的低压新装用户的用户编号及所配表计的型号分别是＿＿＿＿＿＿＿＿、＿＿＿＿＿＿＿＿。

（2）在新城供电所找出某有限公司（用户编号：0065338227）的计量信息、计量点和受电变压器等信息，并记录在表2-1中。

表 2-1　　　　　　　　　　　信息记录表

本计量点电量计算方式	线路名称	电价内的代征合计	采集点的终端编号	合同编号	变压器出厂日期

（3）在新城供电所查询出用户编号为3001521013的电能表订货合同编

号和检定/检测入库环节的申请编号，分别是_____、_____。

（4）查询计量资产编号为 370110003436502 的表计的当前状态、使用用户的用户编号、配送入库日期，分别是_____、_____、_____。

（5）在泉城计量中心通过资产管理>>公共查询>>配送查询下进行"配送计划查询"查询 2011 年 10 月 15 日至 20 日内制订的月度计划的制订人和执行标志，分别是_____、_____。

低 压 新 装 操 作

【项目描述】

介绍低压用户的新装用电知识；对"业务受理"、"现场勘察"、"答复供电方案"、"合同签订"、"装表接电"等流程和操作技巧进行了详细说明和讲解。

【教学目标】

（1）了解低压用户新装用电的背景知识。

（2）理解并掌握低压非居民用户新装用电的各个流程环节，对流程环节中的操作技巧可以熟练应用。

（3）结合具体实训案例，对低压居民用户及低压非居民用户新装用电流程进行深化练习，加强对流程的理解与应用。

任 务 一　业 务 相 关 知 识

【任务描述】

通过学习用户的业务扩充相关知识，使其掌握低压新装流程各环节的作用和业务的角色关系，并理解发起工作单的方法。

本业务适用于电压等级为 220/380V 低压非居民用户或低压居民用户

的新装用电。

在处理低压非居民用电报装业务时，供电企业依据《供电营业规则》有关用电报装的条款规定、国家电网公司统一发布的服务承诺及服务规范，在规定的时限内，采用流程化方式实现非居民用电报装的【业务受理】、【现场勘察】、【审批】、【答复供电方案】、【确定费用】、【业务收费】、【供电工程进度跟踪】、【安装采集终端】、【竣工报验】、【竣工验收】、【签订合同】、【装表接电】、【信息归档】、【客户回访】、【归档】的全过程管理，满足客户用电需求。对于低压居民用电报装业务规定与非居民用电报装业务相似，在实际工作中一般供电企业与用户签订纸质背书合同，在系统的流程操作中很少涉及工程类和合同类操作环节。

低压新装业务面向低压用户，提供业务受理、用电客户信息录入、查询、保存、发送、打印等功能。

客户到供电部门办理新装用电业务时，需填写《用电登记表》，并递交有关的用电资料，业扩报装员审查通过后，输入计算机，建立用户申请档案，电力营销系统将自动产生用户编号和工作单申请编号。

本业务在教学操作中，在营销应用系统下模拟练习，模拟采用泉城供电公司下属新城供电所接受某低压用户申请并为其办理新装业务的整个流程。从操作界面进入新装、增容及变更用电>>低压非居民新装业务模块，情境模拟说明如下：

新城供电所根据接到的用户申请开始一个新装流程的发起。注意工作单各环节权限均开放给同一工号，实际为多工号完成，操作时应注意业务角色的切换。

低压非居民新装流程图如图 3-1 所示，低压居民新装图形化流程图如图 3-2 所示。

电
力
营
销
业
务
应
用
系
统

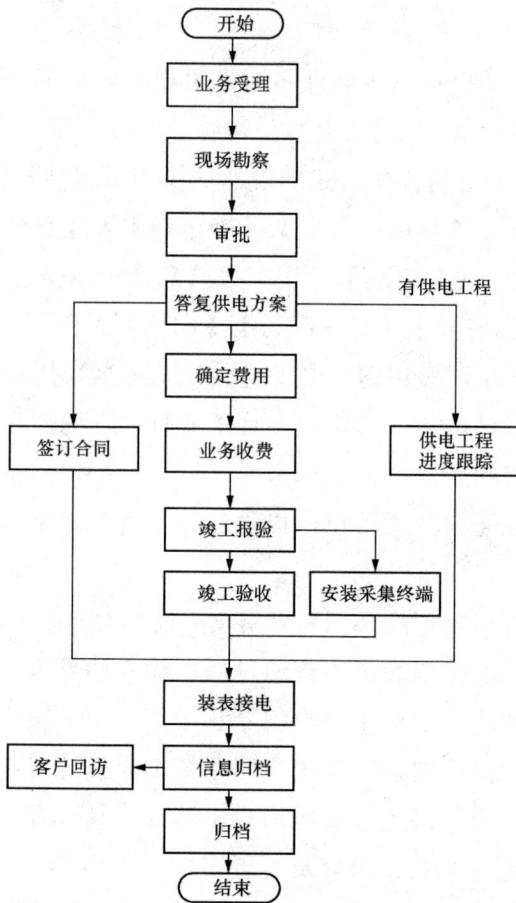

图 3-1　低压非居民新装流程图

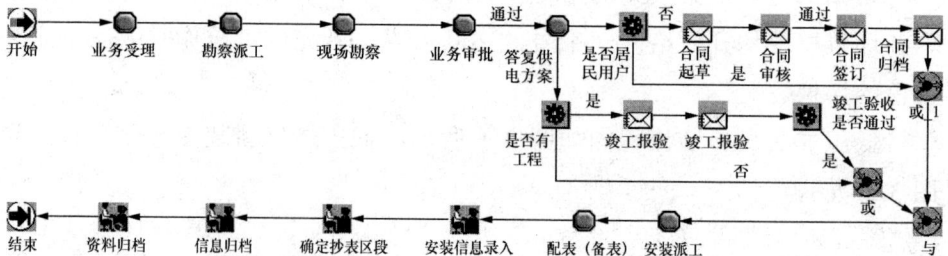

图 3-2　低压居民新装图形化流程图

任务二　低压新装申请

【任务描述】

通过业务受理界面来了解发起某种业务的操作方法；通过低压新装申请的各页面操作使其掌握业务报装申请的信息填写的方法。

系统入口：新装、增容及变更用电>>业务受理。

用新城供电所工号登录系统，单击新装、增容及变更用电>>业务受理，确认业务类型为"低压非居民新装"（注意系统默认初始选项的切换），在文本框中根据实际情况，填入用户申请信息，包括用户名称、用电地址、证件类型、证件号码、联系人、移动电话、联系地址、邮政编码、申请容量、申请原因等，如图 3-3 所示。由于新装客户没有编号，在数据输入完成后，单击【保存】按钮，通过系统进行的正确性检查后将提示保存成功，并自动生成客户编号、客户名称、用户编号和申请编号，学员可记录下来备用。如图 3-4、图 3-5 所示。

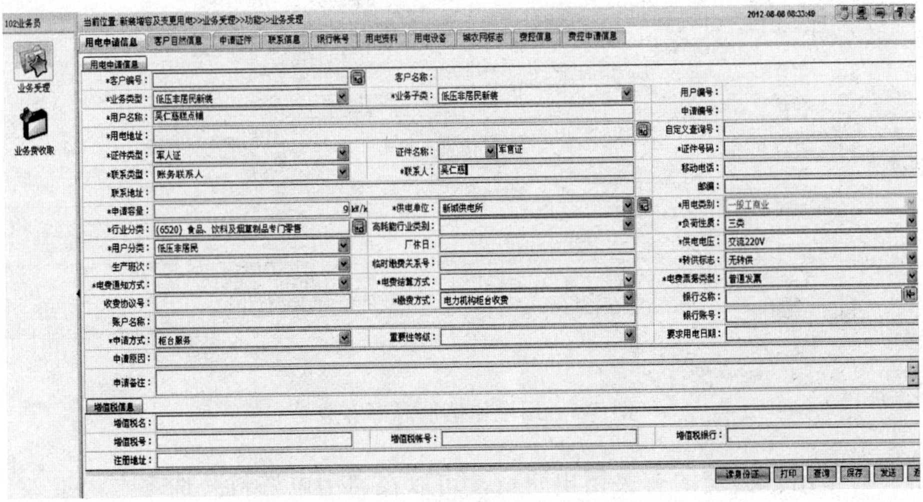

图 3-3　用电申请信息

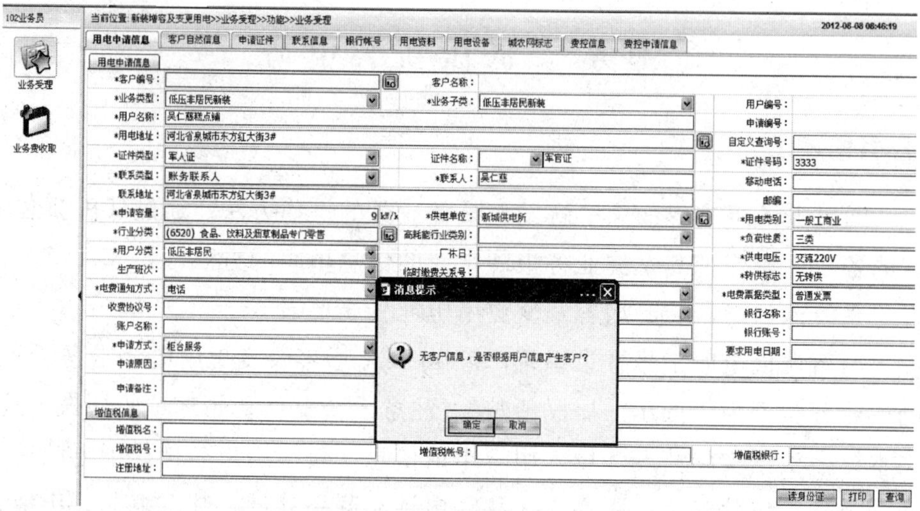

電力营销业务应用系统

图 3-4　生成客户信息

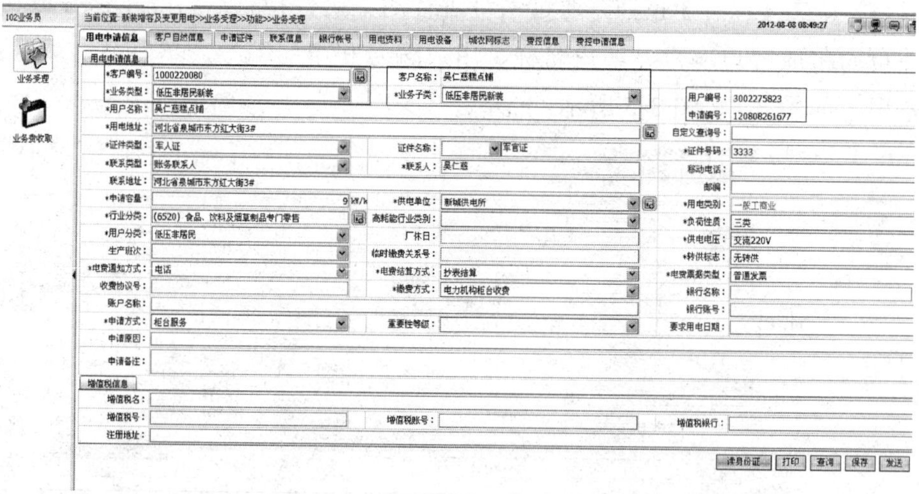

图 3-5　用电申请信息保存成功

对于用户提交的有关用电资料，可以在"用电资料"选项卡内录入，如图 3-6 所示。

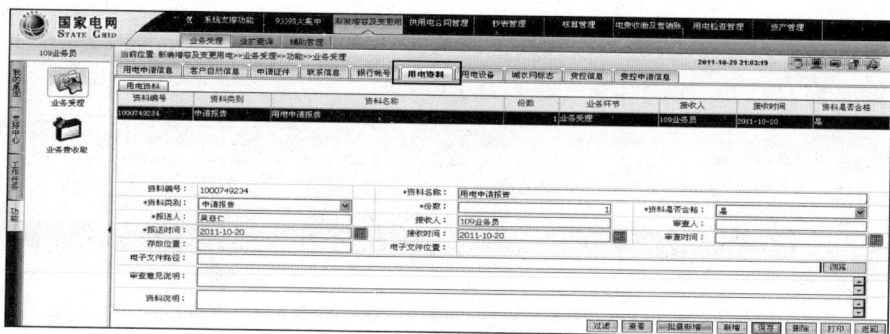

图 3-6　用电资料录入

随后根据具体情况可以录入用户的城农网信息及费控信息，如图 3-7、图 3-8 所示。

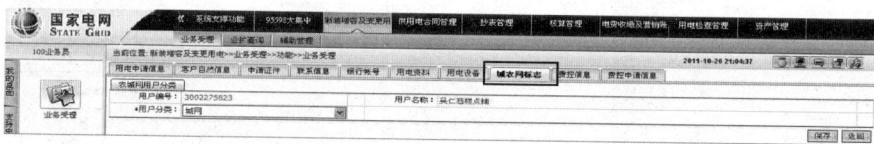

图 3-7　城农网标志选择

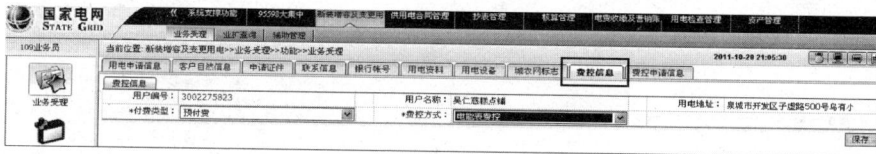

图 3-8　费控信息选择

核对用户相关信息填写无误后，在"用电申请信息"里单击【发送】按钮，显示发送成功提示框，同时产生工作单编号（记录下工作单编号），流程进入"勘察派工"环节。

单击工作任务>>待办工作单，选择自己的工作单，单击【处理】按钮，将待派的勘察任务分配给合适的接收人员，并发送流程（此处自己模拟勘

查负责人进行派工操作，同时也由自己模拟勘察工作人员，因此应选择将
工作派给自己），如图 3-9～图 3-11 所示。

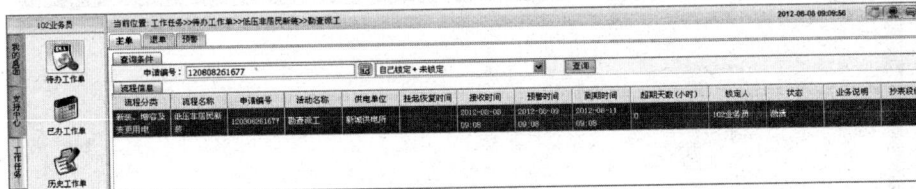

图 3-9　申请成功

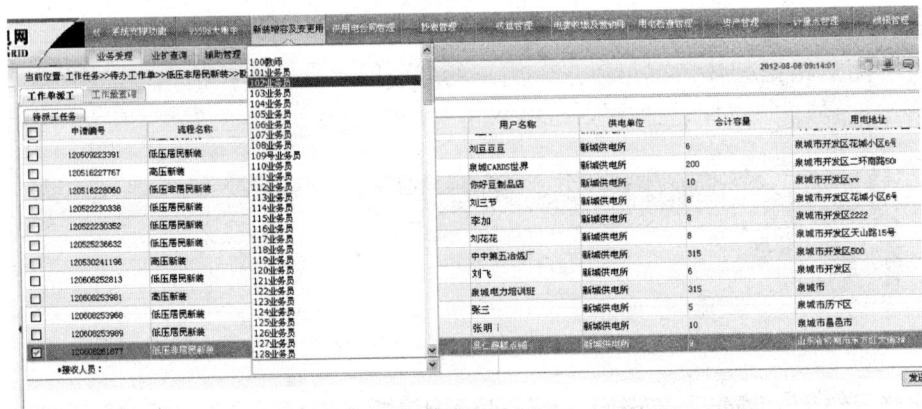

图 3-10　勘察派工

图 3-11　派工成功

低压新装操作

任务三 现 场 勘 察

【任务描述】

通过低压非居民新装现场勘察业务主要内容的界面操作使用，来掌握系统中工作单获取、业务信息录入等系统操作，以及如何通过系统完成具体业务。

非居民新装现场勘察业务主要内容根据现场勘察情况依次填写，第一步输入勘察信息和方案信息；第二步制订电源方案；第三步制订用户定价策略方案和用户电价方案；第四步制订计量点方案和该计量点下所装计量装置方案；第五步制订其他方案信息。完成并检查无误后，发送至下一个环节。

学员自己模拟勘察人员，继续完成"现场勘察"环节。

下面简要介绍这几个步骤：

首先，单击工作任务>>待办工作单，选择自己的工作单，单击【处理】按钮，如图3-12所示。

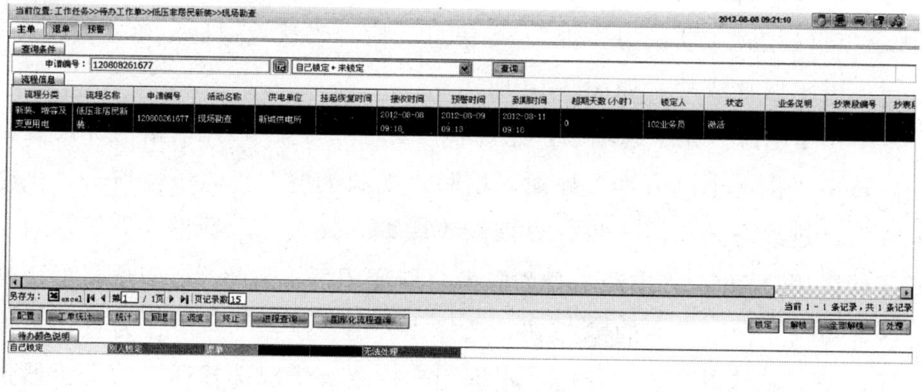

图 3-12 现场勘察处理

其次，在"勘察方案"选项卡中的"勘察信息"选项卡，选择勘察时间，填写勘察意见，对于有无违约用电行为，应当依据实际情形填写，如有，则需要进一步填写违约用电行为描述。填写无误后，单击【保存】按钮，如图 3-13 所示。

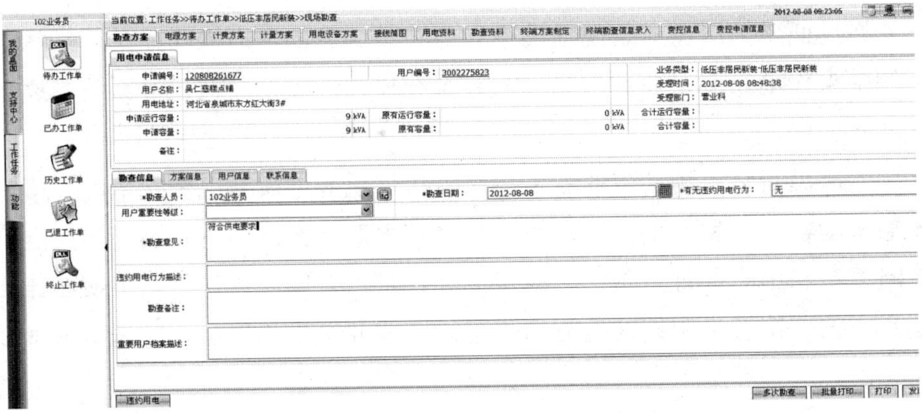

图 3-13　勘察信息录入

单击打开"方案信息"选项卡，填写"是否可以供电或变更"（默认为"是"）、"是否有工程"（根据实际情况选择）、"经计量装置接电标志"（默认为"是"）、"核定容量"（勘察时若与用户申请容量不符，可直接更改）、"优惠电价标志"（默认为"否"）等信息。检查确认无误后，单击【保存】按钮，提示保存成功，如图 3-14 所示。

单击【电源方案】选项卡，先查看"受电点方案"，并根据情况设置信息。转至"供电电源方案"界面，填写"电源类型"、"电源性质"、"供电电压"、"进线方式"、"产权分界点"、"保护方式"、"运行方式"等。对于低压居民用户而言，"电源类型"应为公用变压器，因此，还应选择变压器台区，单击"台区"旁的 🔳 按钮，选择"公用变压器"类型作为查询条件进行查询，在结果列表中双击，根据用户位置等情况选择适当的变压器台区，如图 3-15 所示。

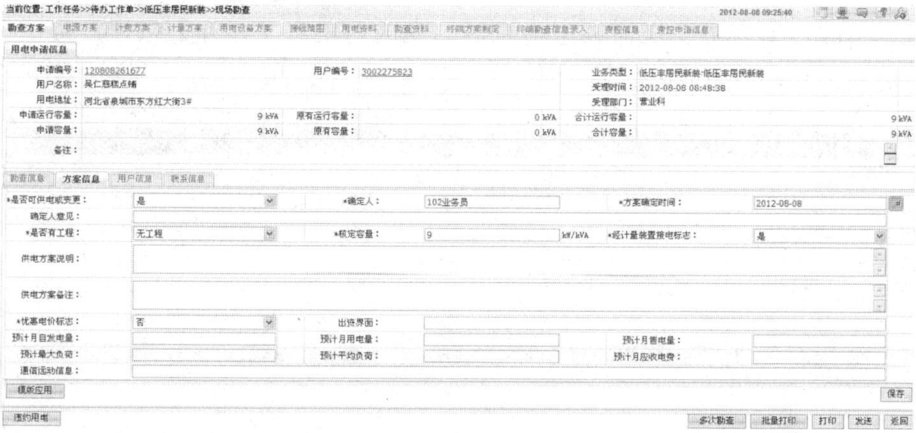

图 3-14　方案信息录入

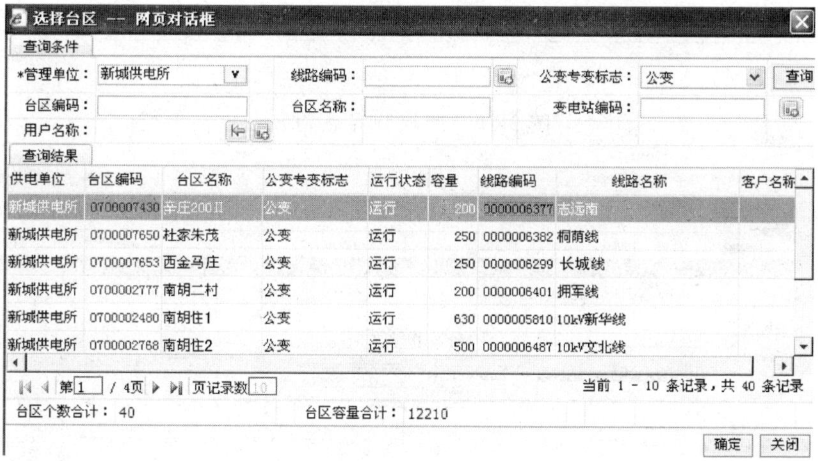

图 3-15　台区选择

为明确权益、避免纠纷，产权分界点一般要求进行清晰明确的划分，可根据系统提供的模板来选择，如图 3-16 所示。

供电电源方案填写并核对完成后，单击【保存】按钮，提示保存成功。然后选择"受电点方案"，转至受电点方案界面，可对系统提供的默认信息进行修改，如变更变压器类型信息等，完成后单击【保存】按钮，提示保存成功，如图 3-17 所示。

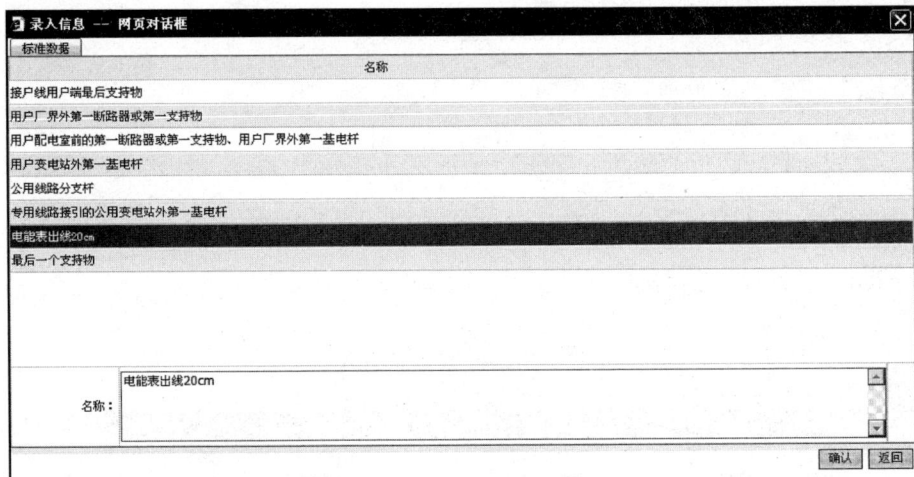

图 3-16　产权分界点划分

图 3-17　受电点方案制订

接下来单击"计费方案"，根据实际勘察信息确定用户定价策略方案。对于低压用户，一般采取单一制电费，不计算基本电费，不考核功率因数。选好方案后，单击【保存】按钮，提示保存成功，如图 3-18 所示。

图 3-18　定价策略方案制订

下面再来确定用户定价方案，单击【新增】按钮，单击"执行电价"后按钮，弹出选择电价界面。下拉列表框选择"用电类别"、"电压等级"后，单击【查询】按钮，选中对应的电价名称，单击【确认】按钮，返回"计费方案"窗口，如图 3-19 所示。

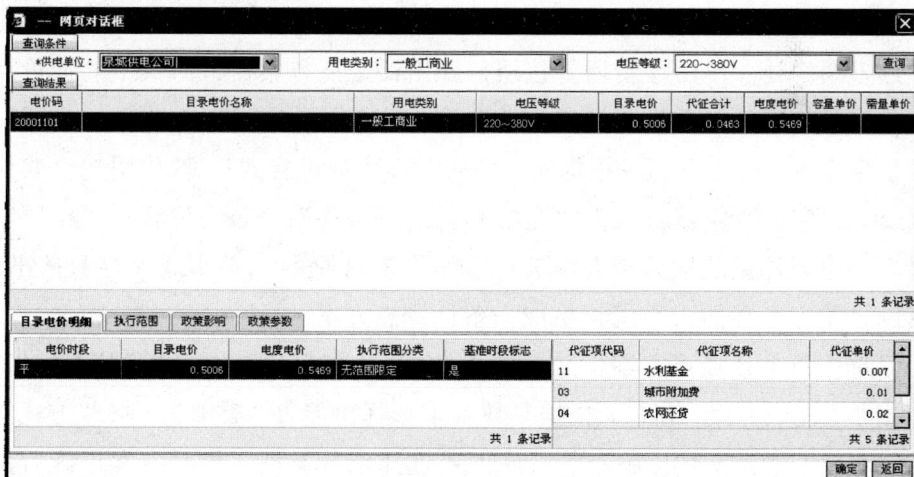

图 3-19　电价方案制订

然后根据用户性质，下拉菜单选择用电类别和电价以及是否执行峰谷标志和功率因数考核，系统默认选择用户申请时的行业类别，数据输入完成后，单击【保存】按钮，提示保存成功，保存该条电价方案，如图 3-20 所示。

图 3-20　峰谷标志、功率因数标准选择

接下来根据计费方案确定计量方案。单击"计量方案"选项卡，在"计量点方案"处，单击【新增】按钮，弹出计量点方案窗口，其中"计量点编号"、"计量点名称"、"计量点地址"、"计量点分类"、"线路"、"台区"等信息系统将自动生成，根据实际情况填写"计量方式"（低压用户一般为"低供低计"）、"接线方式"、"是否具备装表条件"、"装表位置"、"电压等级"、"电能计量装置分类"等信息，如图 3-21 所示，单击【保存】按钮，返回计量方案界面，系统将生成一条计量点方案。

选中该条计量点方案信息，在"电能表方案"处，单击【新增】按钮，弹出"电能表方案"窗口，根据具体要求选择电能表"类别"、"接线方式"、"类型"、"电压"、"电流"等，通过 ☑ 选择示数类型，核对方案正确后，单击【保存】按钮，返回计量方案窗口并生成电能表方案，如图 3-22、图 3-23 所示。

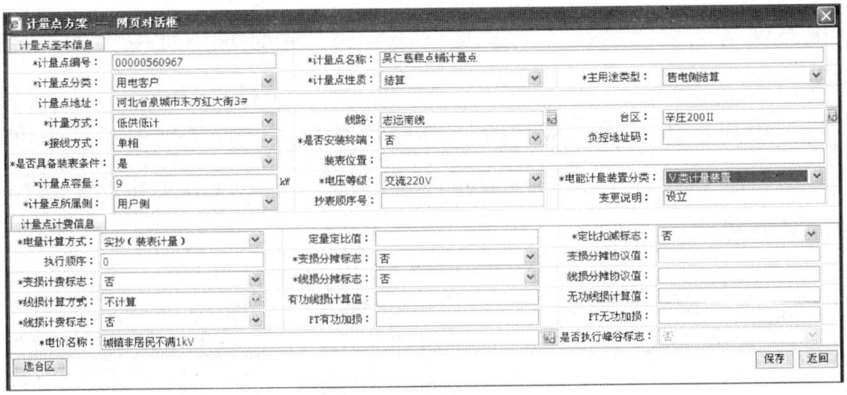

图 3-21　计量点方案制订

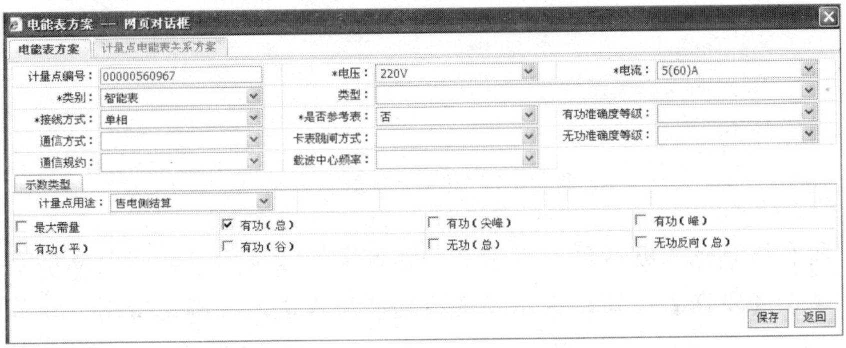

图 3-22　电能表方案制订

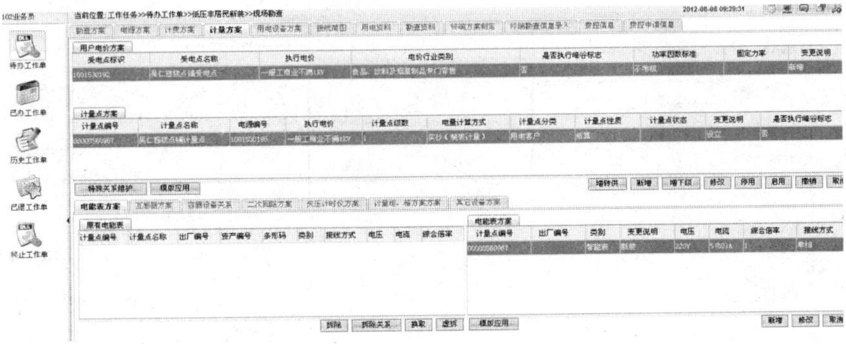

图 3-23　生成电能表方案

根据现场勘察的情况，判断是否还需要其他计量表计或设备，选择输入相关信息。

对于用户，还可增加或修改用电设备方案，单击【用电设备方案】选项卡，即可根据实际情况进行增修，每增加一条，点击【新增】按钮，进行新的条目处理，如图 3-24 所示。

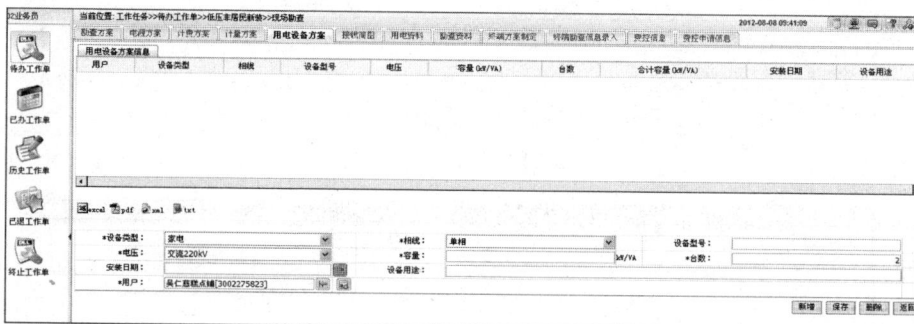

图 3-24　用电设备信息修改

所有信息录入完成后，单击"勘察方案"选项卡，转回至勘察方案界面，单击【发送】按钮，提示发送成功，流程进入"确定费用"环节，如图 3-25 所示。如果有费用，则确定费用，如没有费用，则直接点击发送即可。

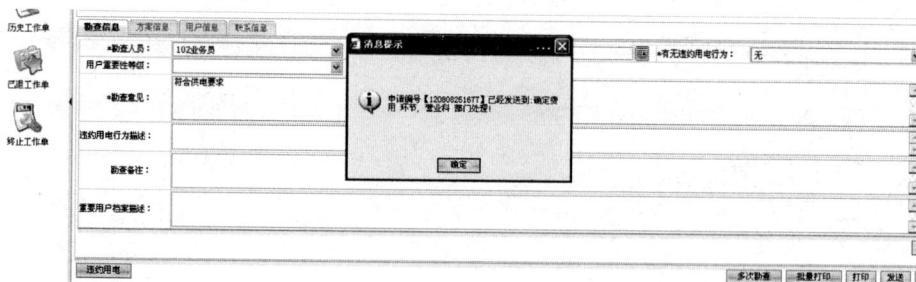

图 3-25　现场勘察完成

任务四 答复方案与装表

【任务描述】

通过非居民新装答复供电方案、合同签订、装表接电等业务环节的界面操作，来掌握系统中工作单获取、合同的编辑和填入、自动配表和手动配表的操作方法，通过一系列环节操作，理解如何通过系统来完成具体业务。

接下来，完成答复供电方案、合同签订和装表接电的任务，学员切换角色，模拟业务审批人员，单击工作任务>>待办工作单，查找到自己的工作单，单击【处理】按钮，进入"审批信息"界面，对用电申请及勘察结果进行审批，如果审批通过，则将业务发送到下一个流程环节，进行供电方案答复；如果审批人员不同意业务勘察意见，需重新勘察，将工作单退单至勘察派工岗位，重新安排现场勘察计划，派勘察人员到现场勘察，勘察人员将勘察内容输入系统，审批人员重新审批，审批环节操作如图3-26、图3-27所示。

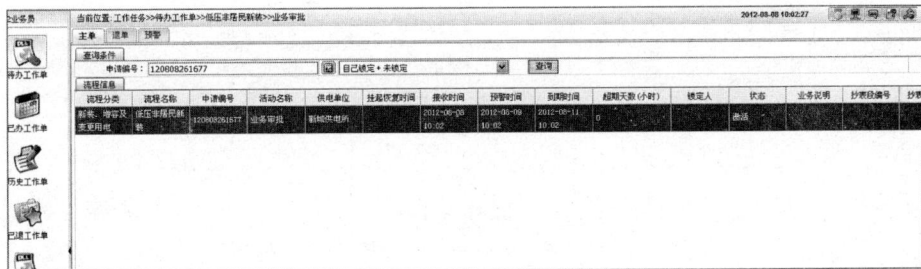

图 3-26 勘察业务审批

审批通过后，流程进入"答复供电方案"环节，单击工作任务>>待办

低压新装操作

工作单，根据工作单号选择工作单，单击【处理】按钮，填写"答复方式"等信息并保存，核对无误后一一保存，即可发送流程，如图 3-28、图 3-29 所示。发送完成后，可得到如图 3-30 所示页面，若有费用，则处理"业务费收费"，完成后点击发送，如图 3-31 所示。

图 3-27　审批通过

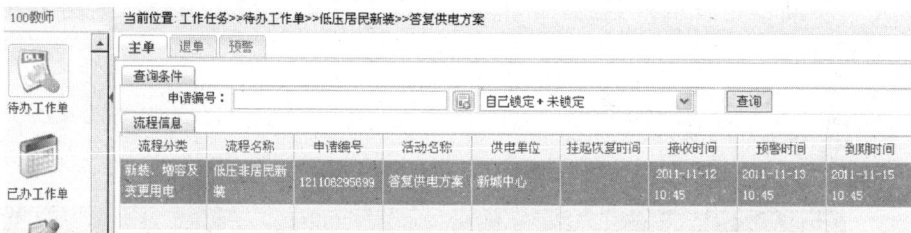

图 3-28　答复供电方案环节

费用处理完后，查询待办工作单，如图 3-32 所示。

图 3-29 答复供电方案完成

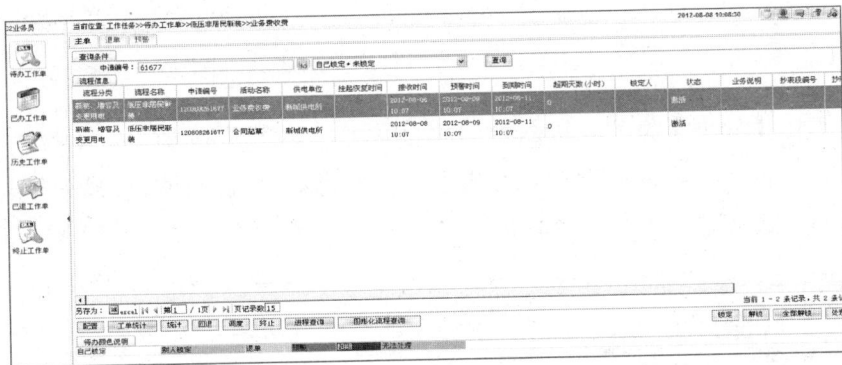

图 3-30 业务费收费和合同起草

图 3-31 处理业务费收费

低压新装操作

電
力
营
销
业
务
应
用
系
统

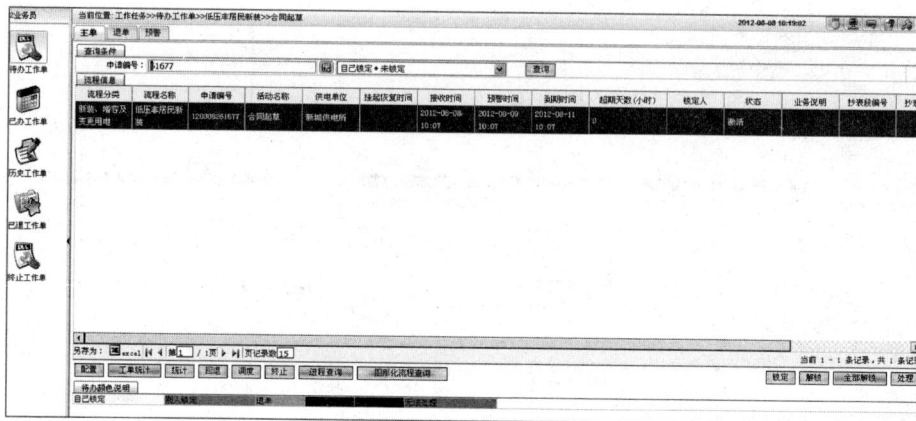

图 3-32　合同起草工作单

　　点击【处理】按钮，进入合同起草环节，如图 3-33 所示，下拉菜单选择低压合同。在合同起草中，点击【合同编辑】，在合同编辑内填写相关合同信息，并保存，如图 3-34 所示。

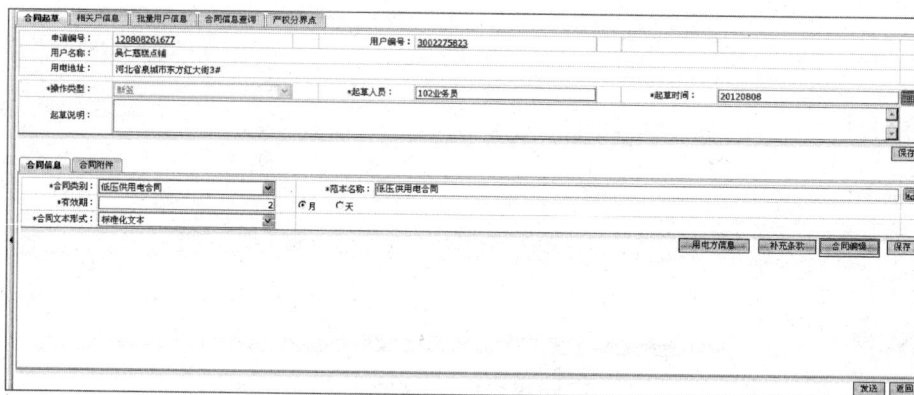

图 3-33　合同起草

　　保存后回到合同起草页面，然后发送，进入合同审核环节，如图 3-35所示。

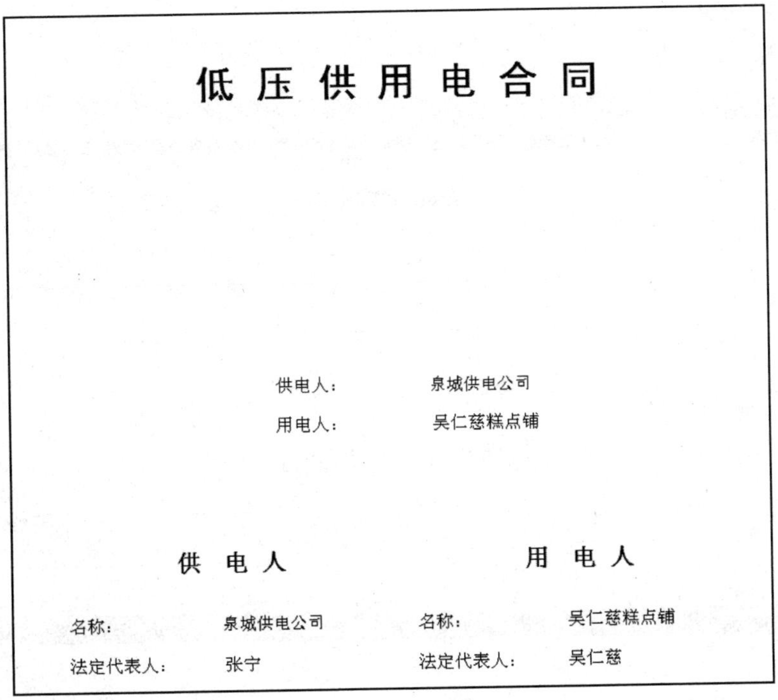

低 压 供 用 电 合 同

供电人：   泉城供电公司

用电人：   吴仁慈糕点铺

供 电 人   **用 电 人**

名称：   泉城供电公司   名称：   吴仁慈糕点铺

法定代表人：   张宁   法定代表人：   吴仁慈

图 3-34 合同编辑

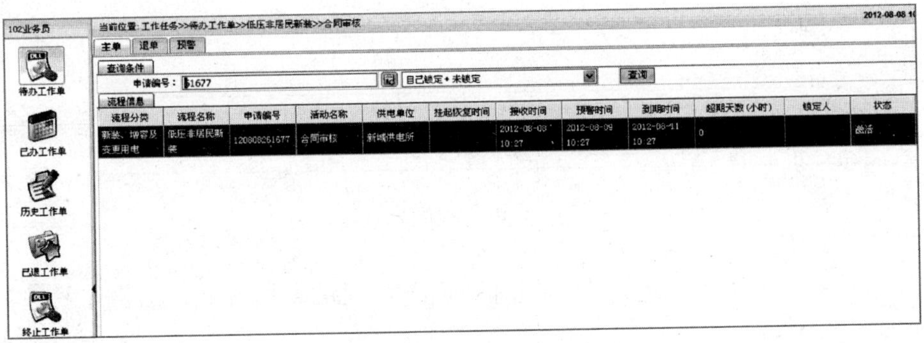

图 3-35 合同审核

填入信息后保存并发送，如图 3-36 所示。

图 3-36　合同审核通过

审核通过后，进入合同签订环节，如图 3-37 所示。

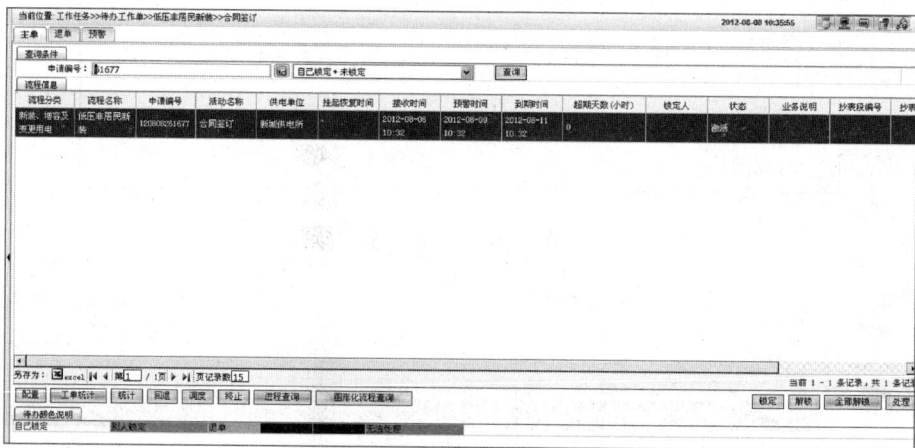

图 3-37　合同签订

如图 3-38 所示，进入合同签订页面。合同信息填好后，点击【发送】，如图 3-39 所示。

在待办工作单中，可以看到此流程进入到合同归档环节，如图 3-40 所示。

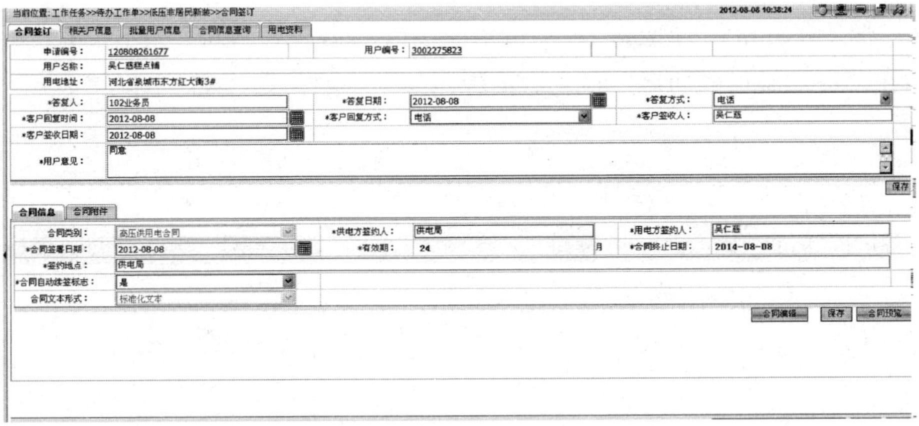

图 3-38 合同签订信息

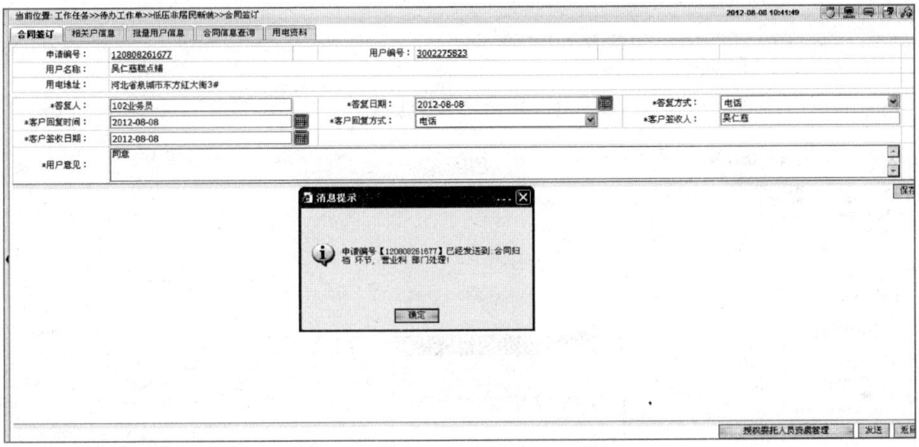

图 3-39 合同签订完成

保存合同归档信息后，点击发送，如图 3-41 所示。

下一步学员需要模拟安装派工负责人进行派工，单击工作任务>>待办工作单，按工作单号查询选择自己的工作单，单击【处理】按钮，将任务派给合适的负责人员和工作人员（为了整体学习业务流程，已全部赋予权限，学员注意角色的变换，由学员角色模拟，即派给自己），先单击【派工】按钮，提示派工成功后，再发送流程，如图 3-42、图 3-43 所示。

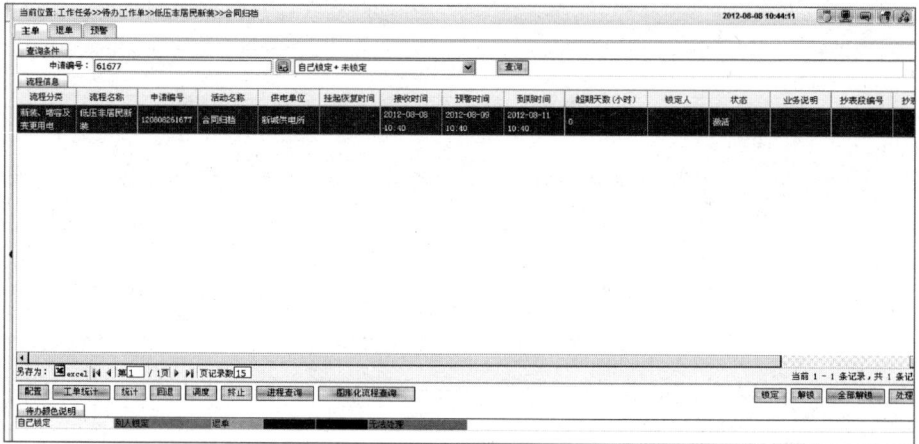

图 3-40　合同归档

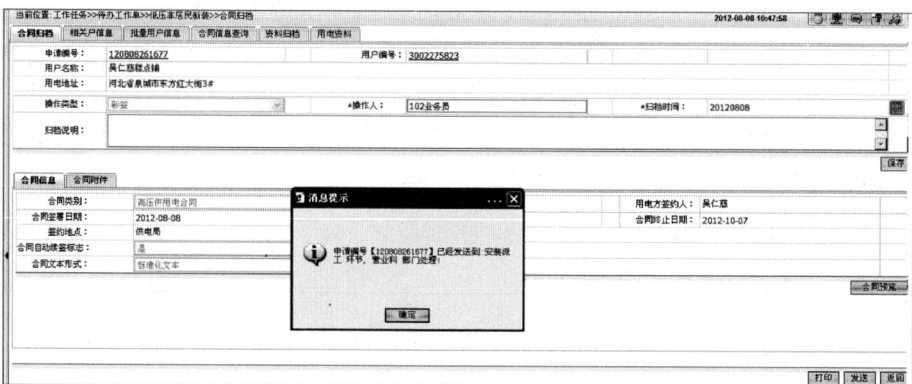

图 3-41　合同归档完成

接到任务后，相应工作人员（包括领用人员、配表人员、装表工等角色，均由学员自己一人模拟）应完成配表（备表）工作，单击工作任务>>待办工作单，选择自己的工作单，单击【处理】按钮，如图 3-44 所示。

低压新装操作

图 3-42　安排派工

图 3-43　派工完成

图 3-44　配表（备表）处理

一般情况下，配表方式分为两类：自动配表和手动配表。自动配表由系统按需求自动选择表计，再按条形码从仓库取用，手动配表则是从仓库中领表后，手工录入条形码来完成配表。

如果使用自动配表，直接单击【自动配表】，选择存放位置后确定，系统就会自动选择出符合要求的表，显示在"配表"信息栏里（可见相应的出厂编号、资产编号和条形码），可以点击相应表计的条形码来查看配到的表的详细信息，如图 3-45 所示。

图 3-45　自动配表

如果使用手动方式配表，可以直接输入表计的条形码，然后按回车键，即可配到相应的表，如图 3-46 所示。也可点击 🔲 按钮，再选择一定的条件，查询相应的表计信息，如图 3-47 所示。

注意：如果手动配表时，系统提示"设备不在库房"、"管理单位不正确"和"为运行状态"怎么处理？

图 3-46 手动配表

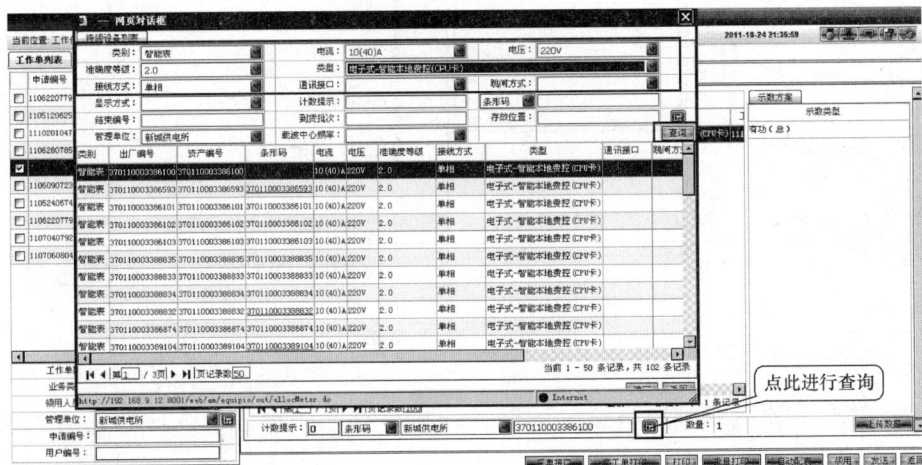

图 3-47 按条形码条件配表

处理方法如下：

（1）是否全部符合配表参数要求。

（2）查看设备是否在库房中（有无储位），查看管理单位是否为本单位。

（3）查看是否是运行状态。

（4）不能超期，检定日期须在规定使用日期之内。

如果选到的表不满足要求，可以点"取消"，去除配表信息，再重新配表；如果选表无误，则可以选择领用人员（由学员自己模拟），然后单击【领用】，出现成功提示，如图 3-48 所示。

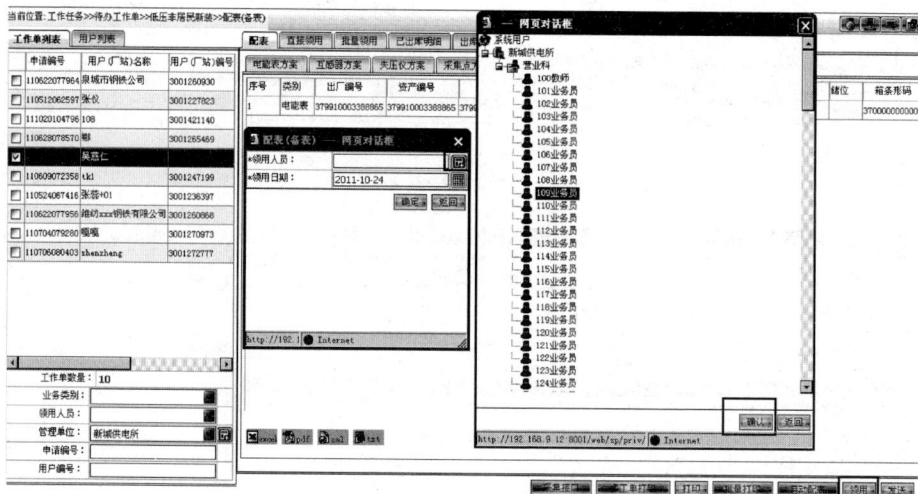

图 3-48　配表领用

对于误领用或领用不恰当的表计，可进行"领出未装入库"的方式来解决，具体参考项目六操作实现。

若在配表环节发现现场勘察计量装置方案有误，可以选择"回退"操作进行修改，但注意此时的表计应该是没有领用且未配表状态。

所有方案均完成，配表并领用之后，可以查看"已出库明细"和"出库设备汇总"，核对无误后，单击【发送】按钮，如图 3-49 所示。

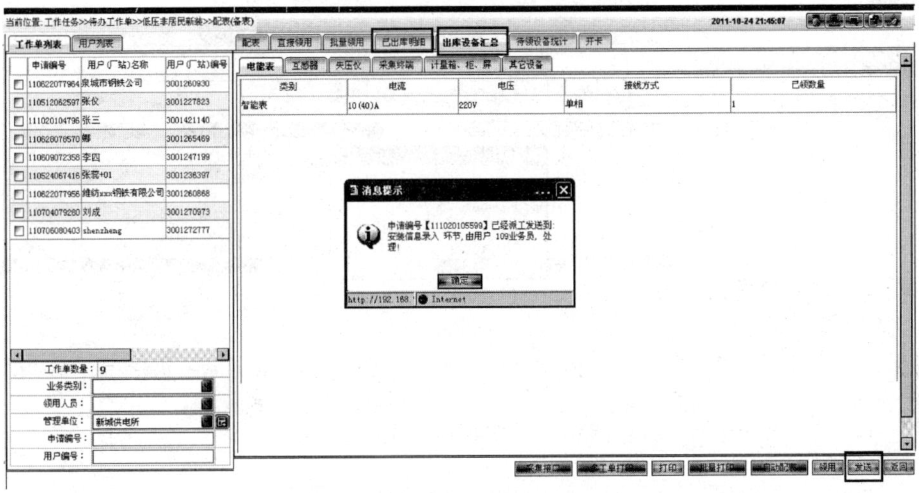

图 3-49　配表完成

任务五　归　　档

【任务描述】

通过非居民新装归档业务界面的操作使用，掌握系统中工作单完结、业务数据信息存档的方法。

低压非居民新装现场安装工作结束，回到室内后需要将现场安装信息录入，即"安装信息录入"环节。单击工作任务>>待办工作单，选择自己的工作单，单击【处理】按钮。

选中安装计量点，在"电能表方案"中，对应电能表方案信息栏里的"出厂编号"、"资产编号"，文本框中会自动显示出所配电能表的"出厂编号"、"资产编号"等，输入装拆人员，装拆日期，安装位置等，然后单击【全部保存】按钮，提示保存成功，如图3-50所示。

图 3-50　安装信息保存成功

如果是卡表时，需点击【卡表处理】功能，进入后保存相关数据，在电能表装拆示数处输入"装出示数"（为此表的初始读数），然后单击【保存】按钮，提示保存成功，如图 3-51 所示。之后可发送流程，进入下一环节。

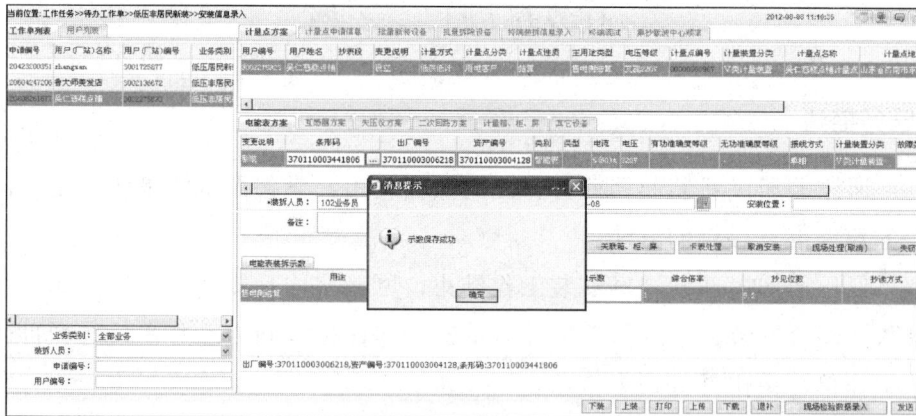

图 3-51　安装信息录入完成

安装信息录入完成后，需要进行抄表段的确定，单击工作任务>>待办工作单，选择自己的工作单，单击【处理】按钮，点■按钮，输入条件即可查询抄表区段，一般可通过台区编码点 按钮来快速查找，选择适当的抄表段后，按【确定】按钮保存信息，图 3-52 所示。

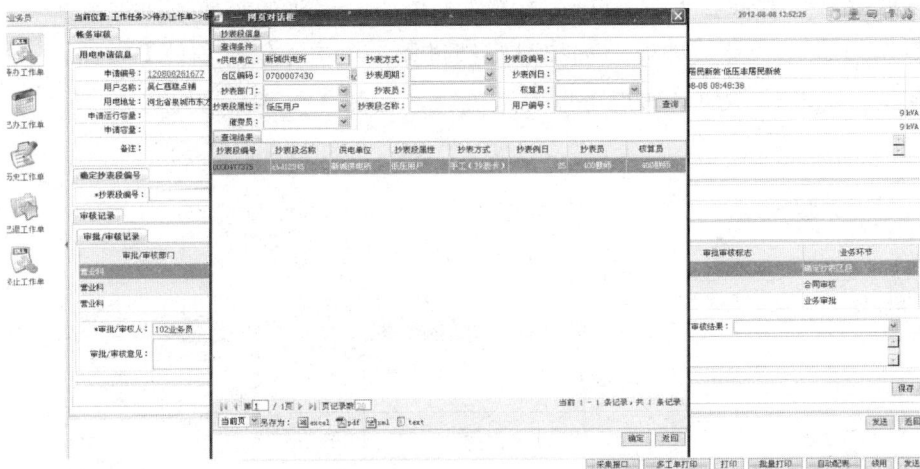

图 3-52　抄表段选择

随后填入审批意见，保存后即可发送流程，如图 3-53 所示。

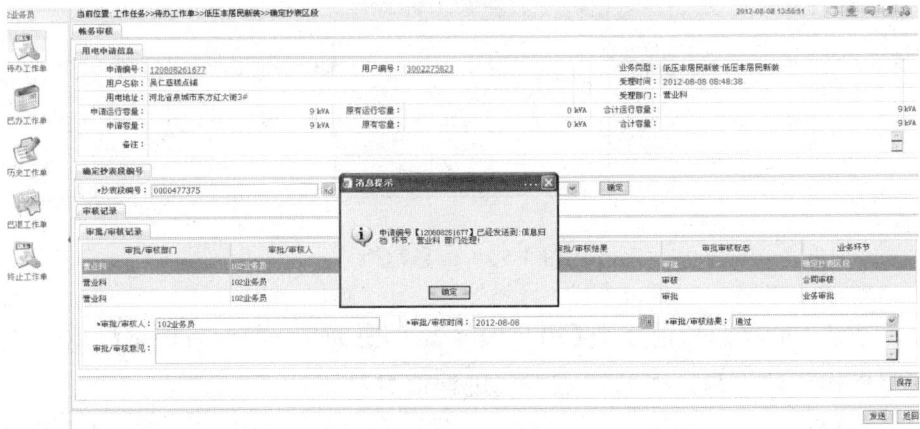

图 3-53　审批通过

流程随后进入"信息归档"环节，单击工作任务>>待办工作单，选择自己的工作单，单击【处理】按钮，根据实际情况输入审批人、审批日期、审批结果、审批意见等，单击【保存】按钮，系统显示所有审批意见，如图 3-54 所示。然后即可启动信息归档过程，单击【信息归档】按钮，等待系统自动归档完成，然后可以发送流程，如图 3-55 所示。

图 3-54 信息归档审核

图 3-55 信息归档

注意，信息归档前点击【用户编号】，信息为空，归档后信息将被完善，在归档操作前、后，可两次点击，进行信息对比。

最后一个环节为"资料归档"，与信息归档的区别在于，此步主要完成纸质资料的归档。可以填写相应档案的存放位置，保存后即可发送流程，全部流程结束，如图 3-56 所示。

图 3-56 资料归档结束

在"历史工作单"里查询将会找到所有流程环节的历史记录。低压非居民新装的业务流程说明见表 3-1。

表 3-1 低压非居民新装的业务流程说明

序号	流程环节	工号	流程说明、注意事项及操作技巧
1	业务受理	1××	首先，确认业务类型为"低压非居民新装"，填写用户基本信息后，先进行保存，系统将自动生成客户编号
2	勘察派工		模拟勘察派工负责人角色（勘察班长），将相应任务派工到自己的工号
3	现场勘察		模拟勘察人员，依据现场勘察情况（实训中应依据题目要求）填写勘察信息、方案信息，并制订电源方案、计费方案、计量方案等。注意各方案的顺序和参数选项
4	业务审批与确定业务费用		模拟审批主管人员，先保存审批意见，再发送流程
5	答复供电方案		将用户答复信息录入系统，一一保存后发送
6	业务费收费		根据情况收费，可在电费收缴及营销账务的坐收中完成
7	合同签订		注意合同类型和相关内容的正确性
8	竣工验收		在现场勘察环节中，只有选择工程时才会走工程类环节

续表

序号	流程环节	工号	流程说明、注意事项及操作技巧
9	安装派工		模拟安装派工负责人（装表班长），将安装任务派工到自己的工号
10	配表（备表）		模拟领用人员、配表人员、装表工等角色，完成配表、领用、出库等任务。手动配表时注意操作方法
11	安装信息录入	1××	模拟安装工作人员（装表工），将现场安装信息，如电能表相别、安装位置、装表人员及表计装出示数等信息录入系统
12	确定抄表区段		为新装用户确定抄表区段，可由台区快速确定
13	信息归档		主要是将新装流程中的电子信息归档，录入系统
14	资料归档		主要是新装流程中相关的纸质资料归档

以上操作在实际现场中，并非由同一工号完成，各环节注意角色切换，对于低压居民新装的业务流程和低压非居民新装的业务流程相似，但一般不需要走工程流程和合同签订等相关流程，学员可以结合案例深化练习。

【操作实例】

通过系统的查询功能完成如下案例任务。

一、低压居民用电申请案例

张××（名字自起）　花城小区 6 号楼 2-302

申请资料：用电申请报告

证件：军人证，士官证　654321-1

账务联系人：学员本人　电话：8585985

该小区已规划为费控智能表（CPU 卡表）、预付费、220V、5（60）A

现场勘查：具备装表条件，容量为 8kW，一户一表

公用变压器：柱式变压器，电缆架空接入，产权分界点清晰

台区：0700000304|西金马 315

抄表段：WF172032

其他信息酌情填写，做到归档流程结束。

二、低压非居民用电申请案例

用户：某某美发店，申请容量 9kW

申请资料：用电申请报告

证件：营业执照，1234567

账务联系人：学员本人　　电话：45659856

电气联系人：张三　　　　电话：1231231

行业分类：居民服务业

用电类别：一般工商业

现场勘察：具备装表条件，普通型电子式电能表，电流为 10（40）A，确定容量为 6 kW，一户一表

公用变压器：柱式变，电缆架空接入，产权分界点清晰

台区：0700000304|西金马 315

其他信息酌情填写，做到归档流程结束。

用电检查管理操作

【项目描述】

介绍用电检查管理业务的功能及相关的系统操作；分别对周期检查服务管理和违约用电、窃电管理进行实训操作讲解。

【教学目标】

（1）了解用电检查管理的相关业务背景和功能。

（2）熟悉用电检查管理的相关流程操作。

（3）熟练掌握周期检查年度计划制订、月度计划制订、任务分派和违约用电、窃电管理中相关模块的操作。

（4）掌握流程中的操作技巧并能对常见问题进行分析和解答。

任务一 业务总体介绍

【任务描述】

通过对用电检查管理工作的相关知识的讲解，使学员了解本业务所涉及的相关内容，为流程操作提供业务基础。

本系统模块功能是按照日常用电检查管理工作进行设置的。为了保障电网的安全、稳定、经济运行，维护正常供用电秩序和公共安全，保护供用双方的合法权益，供电企业按照《用电检查管理办法》，对客户用电情况进行检查，开展用电安全管理和供用电合同履行情况的检查工作。

用电检查实行按各省公司统一组织实施，分级管理的原则，接受各级电力管理部门的监督管理。

用电检查管理业务类共包括五个业务项：周期检查服务管理、专项检查管理、违约用电窃电管理、运行管理、用电安全管理，基本涵盖了营销业务应用中所有和用电检查相关的功能。用电检查管理业务总体功能说明如下：

（1）本业务类核心业务为日常用电检查和违约用电、窃电管理。

（2）周期检查可以先制订年度计划再制订月度计划，最后根据已经通过的月度计划制订实际的用电检查任务。

（3）可以制订专项检查计划，对审批通过的专项检查计划制订实际的用电检查任务。

（4）对日常发现的违约用电和窃电情况进行管理，实现追补电费和罚款分开计费和收取的方式。

（5）维护用户的其他用电设备，并记录相应的试验等维护信息。

（6）对用户的用电安全信息进行记录和管理。

任务二　周期检查年度计划管理

【任务描述】

通过实训周期检查服务业务如周期检查年度计划，制订业务子项，在系统操作中完成相关业务操作。

根据服务范围内客户的用电负荷性质、电压等级、服务要求等情况，确定客户的检查周期，编制检查计划，确定客户检查服务的时间。

根据国家有关电力供应与使用的法规、方针、政策和电力行业标准，按照检查计划，对客户用电安全及电力使用情况进行检查服务。业务流程如图 4-1 所示。

由图 4-1 可知，周期检查服务业务包括周期检查年度计划、周期检查月度计划、任务分派等业务子项。

周期检查实训模拟新城供电所开展周期检查服务管理的业务情况（新城供电所的模拟系统实训工号为 1××）。操作业务分为周期检查年度计划制订、月度计划制订、检查任务分派三个部分。子项业务流程如图 4-2 所示，年度计划制订流程如图 4-3 所示。

周期检查服务管理

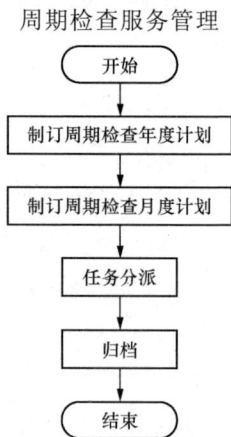

图 4-1 业务流程

周期检查年度计划管理

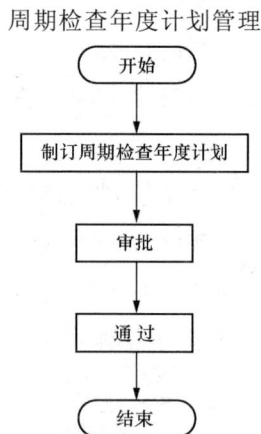

图 4-2 子项业务流程

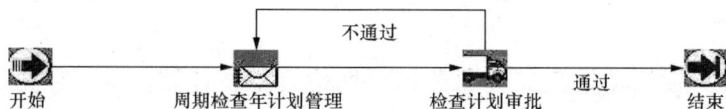

图 4-3 年度计划制订流程

情境模拟：新城供电所根据辖区用户特性，定期开展年度用电检查服务管理工作。

登录营销业务应用系统，详细的操作指导如下：

（1）打开用电检查管理主菜单项，单击子菜单项【周期检查服务管理】，在左侧展开的功能列表中可以看到周期检查年度计划管理选项，单击【周期检查年度计划管理】，打开如图 4-4 所示的周期检查年度计划制订管理界面。

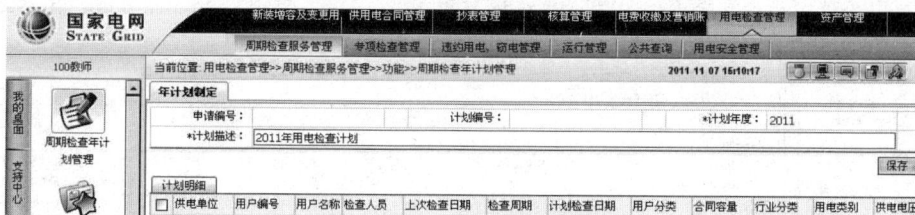

图 4-4　年度计划制订管理

单击右下角【增加用户】按钮，打开如图 4-5 所示的年度计划生成界面，先根据查询条件查询出需要生成周期检查年度计划的用户，确认无误后单击【保存全部】按钮，系统提示生成成功的信息，自此周期检查年度计划已经生成。

图 4-5　增加检查用户

（2）关闭年度计划生成页面，系统自动刷新后出现刚刚生成的周期检查年度计划，如图 4-6 所示，点击【发送】按钮，流程发送到检查计划审批环节。

图 4-6　计划生成

（3）点击【工作任务】列表中可以看到待办工作单选项，点击后进入待办工作单页面，输入刚刚生成的年度计划的申请编号，查询出周期检查年度计划审批的工作单，点击【处理】按钮后进入周期检查年度计划审批页面，如图 4-7 所示。

图 4-7　年度计划审批

（4）输入审批意见后点击【保存】按钮，系统提示保存成功后再点击【发送】按钮，系统提示流程结束，如图 4-8 所示。

图 4-8　完成年度计划

年度计划操作说明见表 4-1。

表 4-1　　　　　　　　　　　　年度计划操作说明

流程环节	工号	流程说明、注意事项及操作技巧
计划制订	1××	1. 每年 1 月做当年的周期检查年度计划。 2. 生成年度计划时，系统只生成属于所选择单位的年度计划，不包括其他单位，因此，当上级单位做年度计划时需要将所有的下级单位的年度计划都生成。 3. 根据用户的上次检查日期和检查周期确定是否生成本年的计划。例如：有 2 个用户 A 和 B，A 用户的上次检查日期为 2010-06-30，检查周期为 24；B 用户的上次检查日期为 2010-06-30，检查周期为 12。在生成 2011 年的年度计划时，A 用户不生成计划，B 用户生成计划，并且检查日期为 2011-06-30。 4. "周期检查年度计划管理"环节中已经生成的计划在审批没有通过的时候，再次生成一个同类别的年度计划，其会将已经生成的年度计划下的用户删除掉，所有用户将在新生成的年度计划中出现。不同类别的年度计划不会有影响。 5. 目前年度计划只能按照"单位"和"用户分类"来划分类别生成。其他查询条件只能起到查询作用，与生成计划无关。

续表

流程环节	工号	流程说明、注意事项及操作技巧
计划制订	1××	6. 如果某类别的年度计划已经审批通过，原则上不允许再次生成该类别的年度计划。因为再次生成的年度计划审批通过后，在月度计划中一个用户可以查询出 2 个该用户的计划。 7. 年度计划制订过程中没有提供调整功能，所有计划的调整在月度计划中做
计划审批	1××	如果审批不通过必须录入审批意见，保存发送后流程会回到"周期检查年度计划管理"环节，该工作单在待办工作单中能查询到，并且能够查看到审批记录和意见

学员按照自己的工号完成一例周期检查年度计划制订。

任务三　月度计划制订

【任务描述】

通过实训制订月度检查计划，在系统操作中完成相关业务操作。

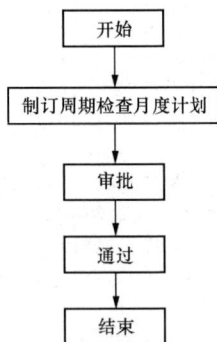

周期检查月度计划制订的业务流程如图 4-9 所示。月计划流程图如图 4-10 所示。

情境模拟：新城供电所根据年度用电检查服务管理计划，制订月度检查计划，开展月度检查服务工作。

一、详细的操作指导

（1）登录营销业务应用系统后，打开【用电检查管理】主菜单项，单击子菜单项【周期检查服务管理】在左侧展开的【功能】列表中可以看到月度计划制订选项，单击【月度计划制订】进入月度计划制订页面，如图 4-11 所示。

图 4-9　周期检查月度计划制订的业务流程

开始 → 制订周期检查月度计划 → 审批 → 通过 → 结束

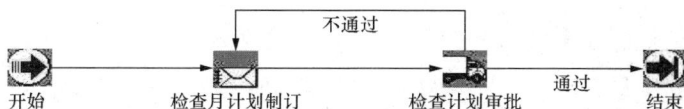

图 4-10 月度计划流程图

图 4-11 月度计划制订

（2）录入相应查询条件查询出已经年度计划审批通过的信息。该页面可以对周期检查月度计划进行调整，例如将某一用户的检查日期调整到 2011-12-06，需要选中该用户，在"调整日期"中录入 2011-12-6 后，点击【调整日期】按钮即可，如图 4-12 所示。

图 4-12 月度计划调整

（3）查询出年度计划已经审批通过的信息后，选中需要生成检查月度计划的信息，点击【发送】按钮，流程发送到检查月度计划审批环节。

（4）点击【工作任务】列表中可以看到待办工作单选项，点击后进入待办工作单页面，输入刚生成的月度计划的申请编号，查询出周期检查月度计划审批的工作单后，点击【处理】按钮，进入检查计划审批页面，如图 4-13 所示。

图 4-13　计划审批

（5）输入审批意见后，点击【保存】按钮，系统提示保存成功后再点击【发送】按钮，系统提示流程结束。

月度计划操作技巧见表 4-2。

表 4-2　　　　　　　　　　月度计划操作技巧

流程环节	工号	流程说明、注意事项及操作技巧
计划制订	1××	月度计划延期原则上只能向后延，且不能超过 1 个月，并且不能延期到下 1 年

续表

流程环节	工号	流程说明、注意事项及操作技巧
计划审批	1××	如果审批不通过，必须录入审批意见，保存发送后流程会回到【月度计划制订】环节，该工作单在待办工作单中能查询到，并且能够查看到审批记录和意见

二、实操案例

学员登录工号，完成针对某高压用户进行　例用电检查的月度计划制订。

任务四　任 务 分 派

【任务描述】

根据辖区月度检查计划，分派检查任务，执行指定用户检查工作，在系统操作中完成相关业务操作。

任务分派流程如图 4-14 所示，实训操作流程如图 4-15 所示。

情境模拟：新城供电所根据辖区月度检查计划，分派检查任务，执行指定用户检查工作。

一、详细的操作指导

（1）登录 http//:192.168.9.12:8001 地址后，打开用电检查管理主菜单项，单击子菜单项【周期检查服务管理】，在左侧展开的【功能】列表中可以看到【任务分派】选项，单击【任务分派】，进入任务分派页面，如图 4-16 所示。

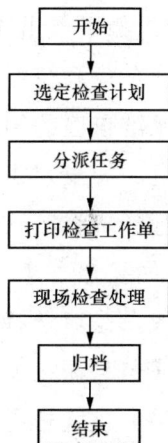

图 4-14　任务分派流程

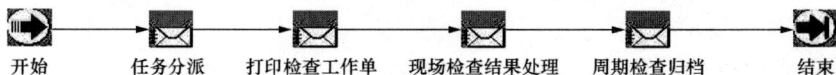

图 4-15　实训操作流程

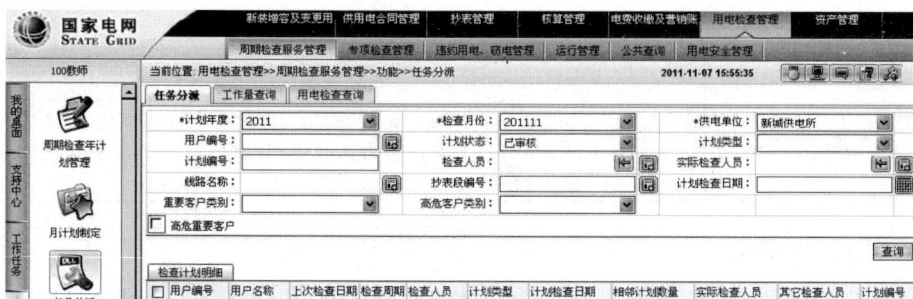

图 4-16　任务分派页面

（2）根据实际情况输入查询条件后点击【查询】按钮，系统查询出所有符合条件的用户，选择需要检查的用户后，录入"检查人员"和"其他人员"，如果点击【分派】按钮，系统会将选择的用户分派给该人员负责，该人员登录系统后在"检查人员"的查询条件中选择自己，点击查询后查到分派给自己的用户，该人员可以将这些需要检查的用户再次分派给其他人负责。如果点击【发送】按钮，系统会对选择的并已分派检查人员的用户进行任务派工（若已进入打印检查工作单环节，则不能再分配给其他人员）。如果点击【派工并发送】按钮，实际是【分派】和【发送】两个功能的合成，是对选择的并且已经分派了检查人员的用户进行任务派工。如果点击【自动派工】按钮，系统会根据选择用户的检查人员自动派工。

（3）在【任务分派】中发送后，流程进入【打印检查工作单】环节，点击【工作任务】列表中可以看到待办工作单选项，进入待办工作单页面，输入刚刚生成的检查任务的申请编号，查询打印检查工作单的工作单号后点击【处理】按钮，进入打印检查工作单页面，如图 4-17 所示。

（4）选中需要打印工作单的用户，点击【打印】按钮，弹出打印页面，如图 4-18 所示。

（5）根据实际情况选择需要打印的单据，然后点击确定，进入打印预览界面，确定好格式后点击【打印】，将单据打印出来。工作单打印预览界面如图 4-19 所示。

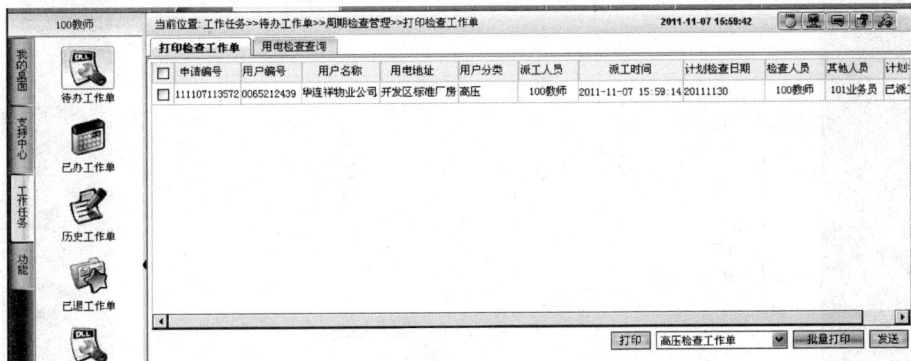

图 4-17　打印检查工作单

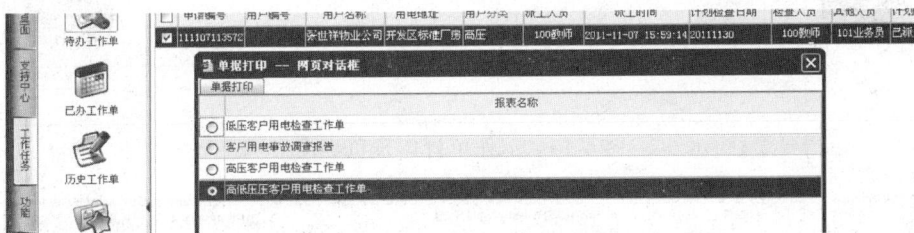

图 4-18　打印页面

（6）关闭打印页面后检查用户的"计划状态"变为"已打印"，然后点击【发送】按钮，流程发送到【现场检查处理】环节。

（7）在【工作任务】列表中可以看到【待办工作单】选项，点击后进入待办工作单页面，输入申请编号，查询【现场检查处理】的工作单后点击【处理】按钮，进入现场检查处理页面，如图 4-20 所示。

（8）根据实际情况录入检查结果后点击【保存】按钮。

（9）如果需要发起子流程，则点击【发起子流程】按钮，弹出子流程发起页面，如图 4-21 所示。

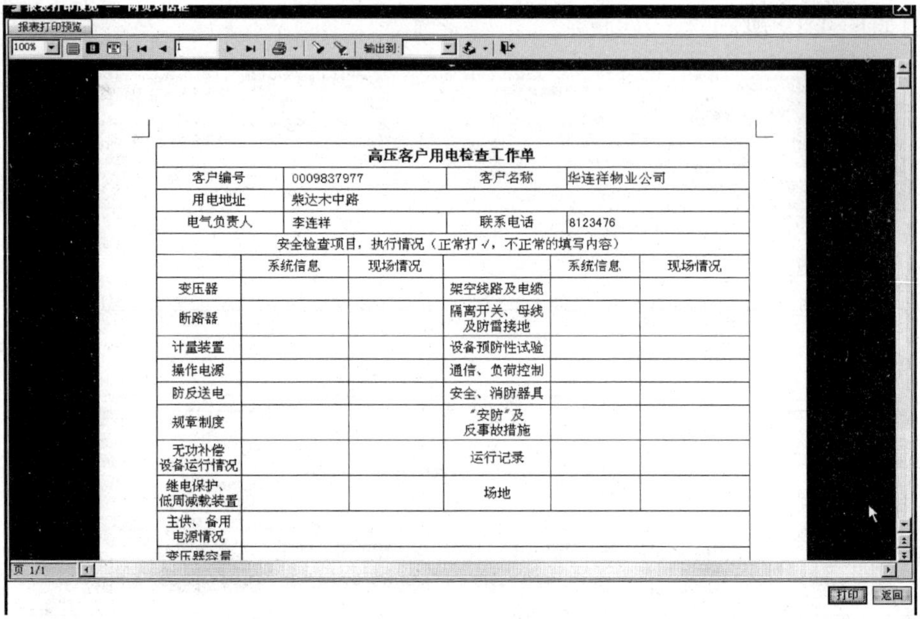

图 4-19 工作单打印预览界面

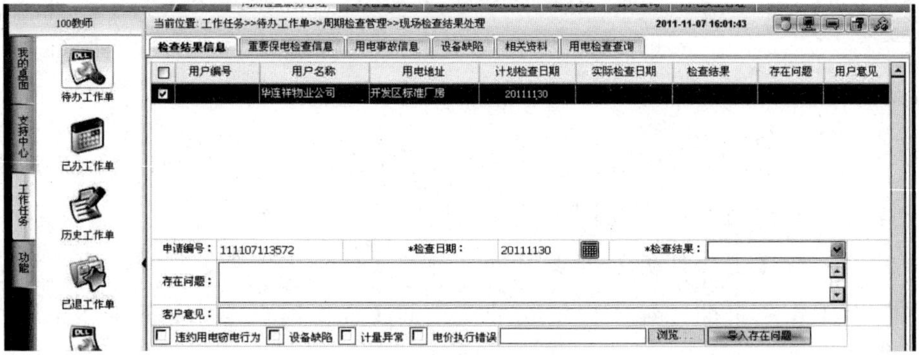

图 4-20 现场检查处理

（10）选择需要发起子流程的用户，在"发起子流程"的选项中选择需要发起的子流程类别，然后，根据实际情况输入子流程的情况后点击【发送】按钮，系统提示子流程发起成功，关闭子流程发起页面回到【现场检查处理】页面，该页面的子流程栏里会出现刚刚发起的子流程，如图 4-22 所示。

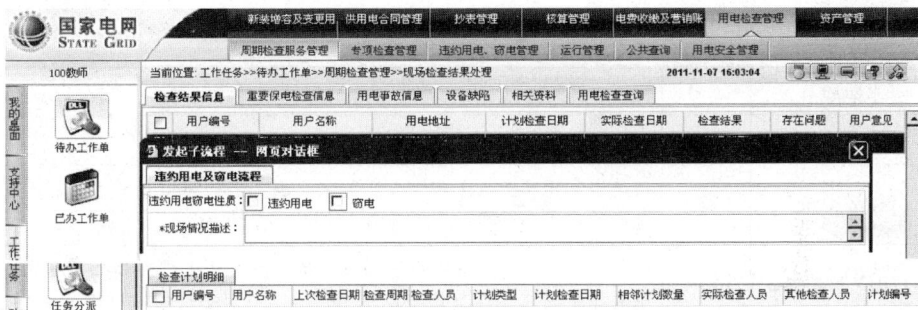

图 4-21 发起子流程

图 4-22 是否需要子流程

（11）点击【发送】按钮，流程发送到【检查归档】环节。

（12）在【工作任务】列表中可以看到【待办工作单】选项，点击后进入待办工作单页面，输入申请编号，查询【检查归档】的工作单后点击【处理】按钮，进入检查归档处理页面。输入相应的信息后点击【保存】按钮，系统提示成功后点击【发送】按钮，流程结束。

任务分派操作技巧见表 4-3。

表 4-3　　　　　　　　　　　任务分派操作技巧

流程环节	工号	流程说明、注意事项及操作技巧
选定计划	1××	按计划时间选定检查对象
任务分派	1××	可以利用【分派】和【发送】来实现上级先将检查任务分派给检查班长，再由检查班长分派给班组成员的业务
打印检查工作单	1××	点击【打印】按钮后弹出的打印单据是会根据用户是高压还是低压而显示高压工作单还是低压工作单（可以不打印，直接发送）
现场检查处理	1××	1. 发起子流程时需要选择处理部门和人员，该人员选项是需要权限配置的。 2. 该环节还可以填写【重要保电任务】和【用电事故信息】

二、常见问题处理

（1）周期检查年度计划如何调整？

目前，周期检查年度计划在制订的时候是不能调整的，如果确需调整可以在年度计划审批完成之后在【月度计划制订】页面调整具体的检查日期，如果想把年度计划中的某些用户去掉，也就是不在本年检查，则可以在年度计划中删除该用户的检查计划。

（2）如何将新装用户增加到周期检查年度计划中？

在【月度计划制订】页面点击【新装、销户用户检查月度计划调整】标签页，在该页面"客户属性值"选择"新装"，然后查询出新装的用户，选中新装的用户，点击【新增】按钮即可完成。

（3）如何将销户用户从周期检查年度计划中删除掉？

在【月度计划制订】页面点击【新装、销户用户检查月度计划调整】标签页，在该页面"客户属性值"选择"销户"，然后，查询出销户的用户，选中销户的用户，点击【删除】按钮即可完成。

（4）对于审批不通过的计划（年度计划、月度计划）在哪里看审批意见？

所有审批不通过的计划都被退回到计划制订的环节，可以在待办工作单中查到，进入工作单后点击【审批信息】标签页，可以查看所有审批信息。

【案例练习】

学完以上内容，根据本次任务生成内容模拟一次周期检查的任务分派和执行。

任务五 违约用电、窃电应用

【任务描述】

根据业务工作中发现的用电异常情况进行现场调查取证，在系统操作中完成涉及违约用电、窃电处理的业务操作。

针对稽查、检查、抄表、电能量采集、计量、线损管理、举报受理等工作中发现的涉及违约用电、窃电的用电异常，进行现场调查取证，对确有违约用电、窃电行为的应及时制止，并按相关规定进行处理。业务流程如图4-23所示。

违约用电、窃电管理实训模拟新城供电所对用户发生违约用电、窃电进行处理的业务情况（新城供电所的营销业务应用系统实训工号为1××）。操作业务分为现场调查取证、窃电处理、违约用电处理三个部分。实训操作流程如图4-24所示。

情境模拟：新城供电所根据辖区内用电检查、营业普查或客户举报等途径，对发生违约用电、窃电用户进行依法处理的系统业务应用。

```
┌─────────┐
│   开始   │
└─────────┘
     │
┌─────────────┐
│  现场调查取证  │
└─────────────┘
     │
┌─────────────┐
│   窃电处理    │
└─────────────┘
     │
┌─────────────┐
│  违约用电处理  │
└─────────────┘
     │
┌─────────────┐
│  核定窃电金额  │
└─────────────┘
     │
┌─────────────┐
│  是否立案审批  │
└─────────────┘
     │
┌──────────────┐
│ 确定追补及违约电费 │
└──────────────┘
     │
┌──────────────┐
│  追补违约电费审批  │
└──────────────┘
     │
┌──────────────┐
│  违约窃电处理通知  │
└──────────────┘
     │
┌─────────────┐
│  退补电费发行  │
└─────────────┘
     │
┌─────────────┐
│  追补电费收费  │
└─────────────┘
     │
┌─────────────┐
│  违约电费收费  │
└─────────────┘
     │
┌─────────────┐
│   电费收费    │
└─────────────┘
     │
┌───────┐      ┌─────────────┐
│  归档  │─────▶│  启动复电流程  │
└───────┘      └─────────────┘
     │
┌─────────┐
│   结束   │
└─────────┘
```

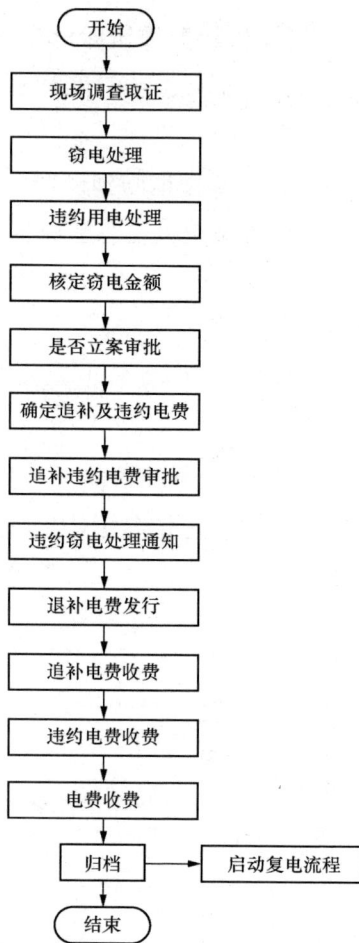

图 4-23　业务流程

一、作业指导

（1）登录营销业务应用系统后，打开【用电检查管理】，主菜单项，单击子菜单项【违约用电、窃电管理】，在左侧展开的【功能】列表中可以看到【现场调查取证】项，单击【现场调查取证】，进入现场调查取证页面，如图 4-25 所示。

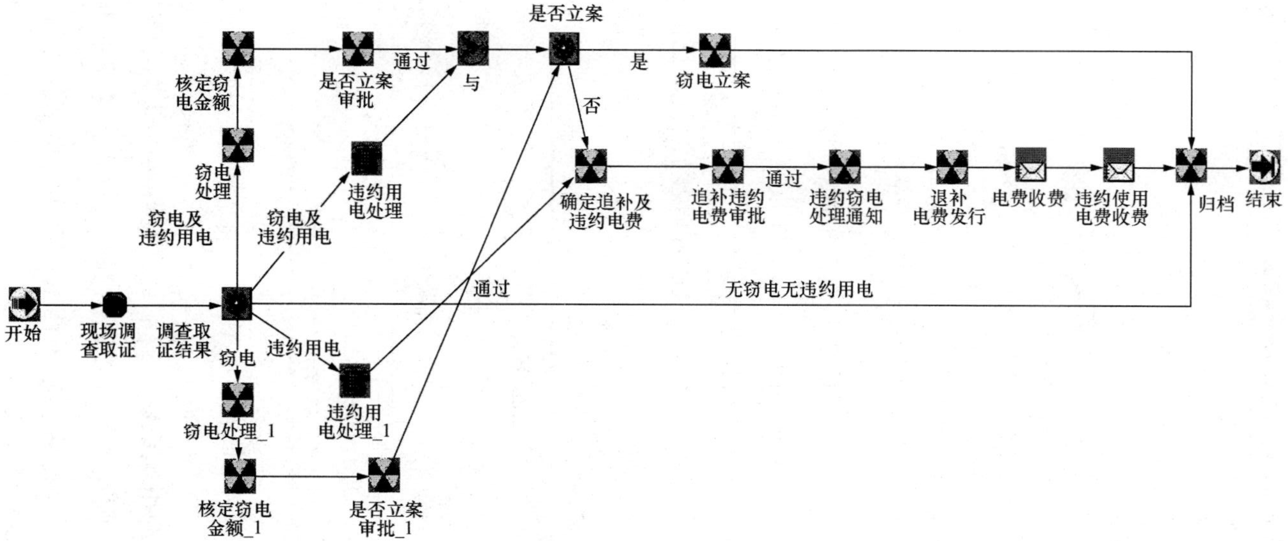

图 4-24 实训操作流程

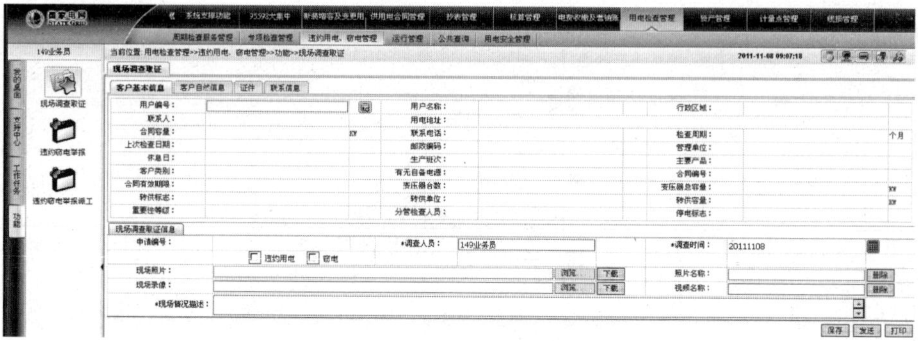

图 4-25　现场调查取证

如果用电客户有违约用电或窃电的情况，则点击"用户编号"后面的图片按钮，弹出用户选择页面，在该页面根据实际情况录入查询条件，点击【查询】按钮，系统查询出符合条件的用户后，选中违约用电或窃电的用户后，点击【确定】按钮，系统返回现场调查取证的页面，如图 4-26 所示。

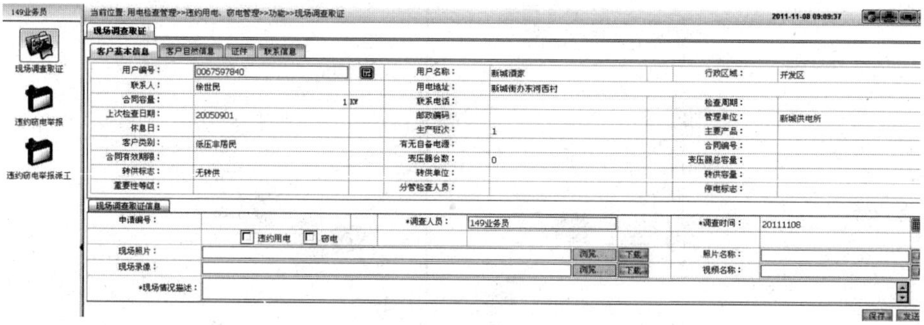

图 4-26　信息填写

（2）如果违约用电或窃电的不是用电客户（即"黑户"，也就是在系统中没有该用户），则在现场调查取证页面直接点击【保存】按钮，系统会提示"没有用户编号，是否发起无档案客户违约窃电流程"，如图 4-27 所示。

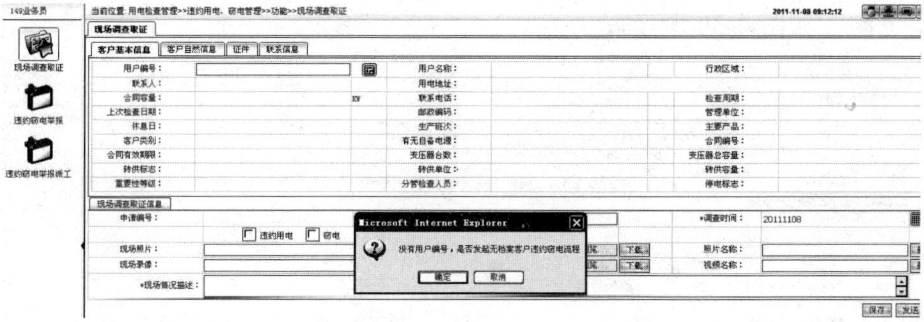

图 4-27　非用电客户情况

（3）点击【确定】后即发起无档案客户违约窃电流程。具体流程和有档案用户一致。

（4）以有档案用户为例，选择完用户后在"现场调查取证信息"中根据实际情况录入调查取证情况，实训中以有违约用电又有窃电的情况为例，如图 4-28 所示。

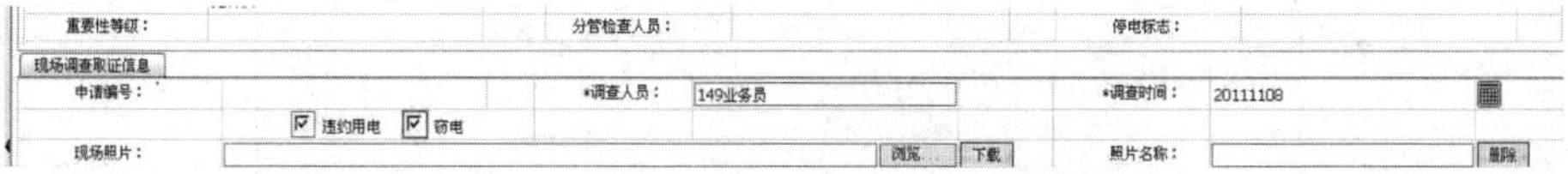

图 4-28　既违约用电又有窃电的情况

（5）确认信息无误后点击【保存】按钮，提示成功后再点击【发送】按钮，流程发送到违约用电处理和窃电处理环节。

（6）点击【工作任务】列表中可以看到待办工作单选项，点击后进入待办工作单页面，输入刚生成的申请编号，查询出违约用电处理和窃电处理 2 个工作单后，选中违约用电处理的工作单，点击【处理】按钮后进入违约用电处理页面，如图 4-29 所示。

（7）根据实际情况录入违约用电行为、发生时间和处理情况后点击保存，完成违约用电处理。还可以点击【打印】按钮弹出违约用电通知书打印页面，如图 4-30 所示。

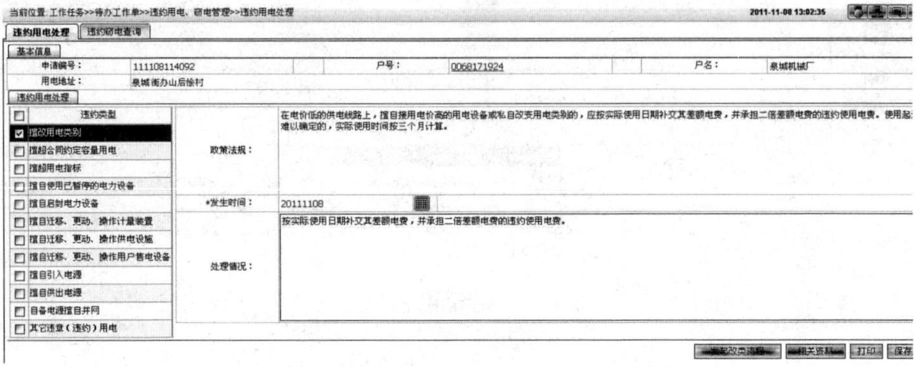

图 4-29　违约用电处理页面

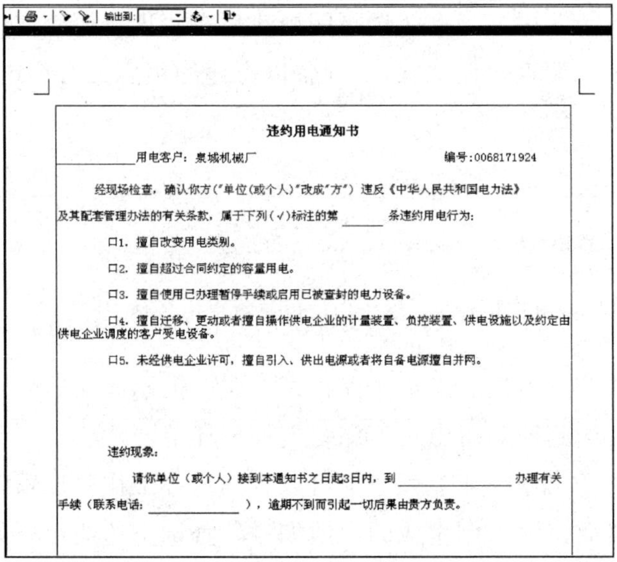

违约用电通知书

______用电客户：泉城机械厂　　　　编号:0068171924

经现场检查，确认你方("单位(或个人)"改成"方") 违反《中华人民共和国电力法》及其配套管理办法的有关条款，属于下列(√)标注的第______条违约用电行为：

□1．擅自改变用电类别。

□2．擅自超过合同约定的容量用电。

□3．擅自使用已办理暂停手续或启用已被查封的电力设备。

□4．擅自迁移、更动或者擅自操作供电企业的计量装置、负控装置、供电设施以及约定由供电企业调度的客户受电设备。

□5．未经供电企业许可，擅自引入、供出电源或者将自备电源擅自并网。

违约现象：

请你单位（或个人）接到本通知书之日起3日内，到______________办理有关手续（联系电话：____________），逾期不到而引起一切后果由贵方负责。

图 4-30　打印违约用电通知书

（8）确认所有处理工作做完后点击【发送】按钮，流程提示“本环节分支结束，请等待其他分支流程”，开始处理【窃电处理】工作单。

（9）点击【工作任务】列表中可以看到【待办工作单】选项，点击后进入待办工作单页面，输入刚生成的申请编号，查询出窃电处理工作单后，选中窃电处理的工作单，点击【处理】按钮后进入窃电处理页面，如图4-31所示。

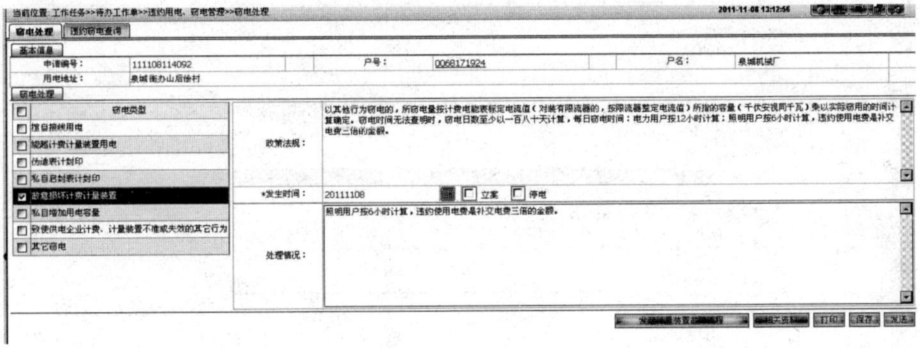

图 4-31 窃电处理

（10）根据实际情况录入窃电行为、发生日期、立案、停电、处理情况后点击保存，完成窃电信息保存，如果选择立案，在发送流程后需要走立案的流程；如果选择停电，则需要录入"停电人员"、"停电原因"、"停电时间"，这里的停电不需要走停电流程，而是直接停电，如图4-32所示。

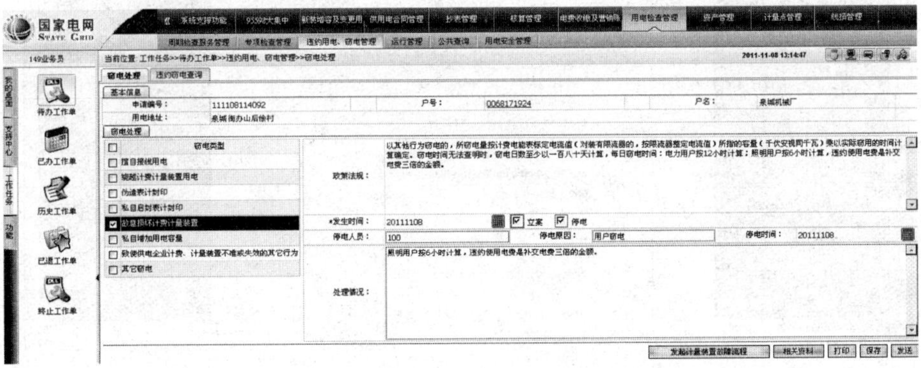

图 4-32 信息录入保存

（11）在窃电处理页面可以直接发起计量装置故障的子流程，点击【发起计量装置故障流程】按钮，弹出子流程发起页面，录入"处理部门""处理人员""备注"之后点击【发送】后子流程发起成功，如图4-33所示。

图4-33　计量装置故障的子流程

（12）在窃电处理页面点击【打印】按钮后，弹出窃电通知书打印页面，如图4-34所示。

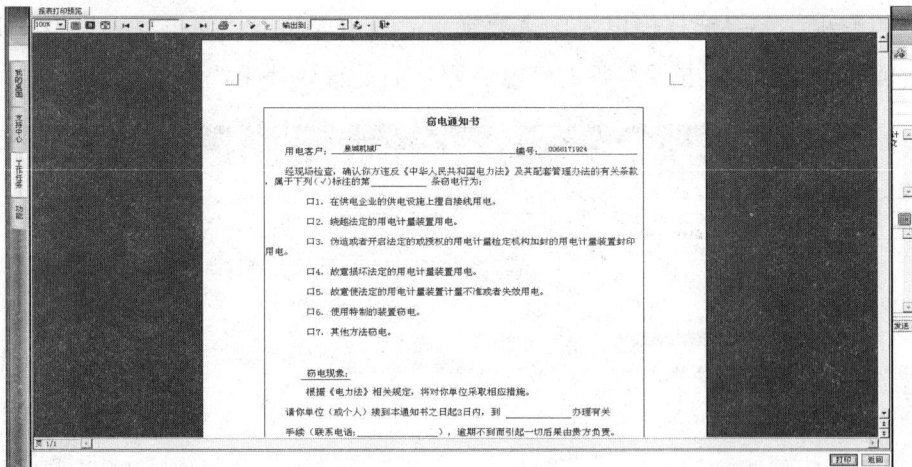

图4-34　窃电通知打印面

（13）确认录入信息无误后点击【发送】按钮，流程发送到窃电立案环节。

（14）页面自动跳转到待办工作单中，录入申请编号，查询出"窃电立案"的工作单，点击【处理】按钮，进入窃电立案环节，如图 4-35 所示。

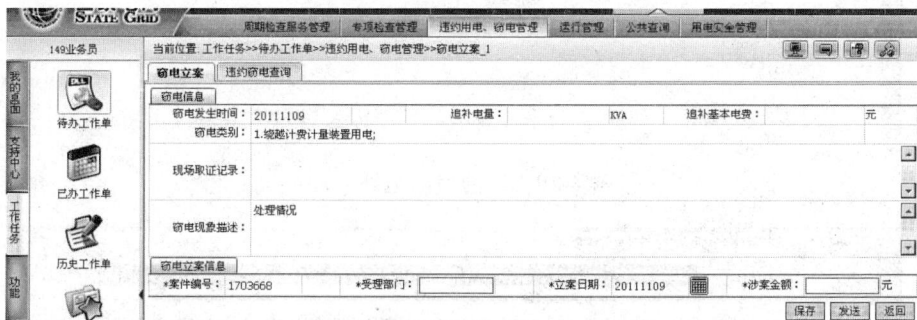

图 4-35　窃电立案

（15）根据实际情况录入"受理部门"、"立案日期"、"涉案金额"，点击【保存】按钮后再点击【发送】按钮，流程发送到【归档】环节。

（16）如不需要立案，流程发送到确定追补及违约电费环节。

（17）页面自动跳转到待办工作单中，录入申请编号，查询出"确定追补及违约电费"的工作单，点击【处理】按钮，进入确定追补及违约电费环节，默认显示的页面是违约用电退补处理，如果只做窃电则默认显示的是窃电退补处理，如图 4-36 所示。

（18）违约用电一般只做罚款，不追补电费；窃电一般既罚款又追补电费。实训时对用户追补一部分电费，再做罚款。在"退补处理分类标志"中选择"追补电费"，然后录入其他信息后点击【保存】，完成保存操作后点击【调整电费】按钮，弹出追补电费页面，如图 4-37 所示。

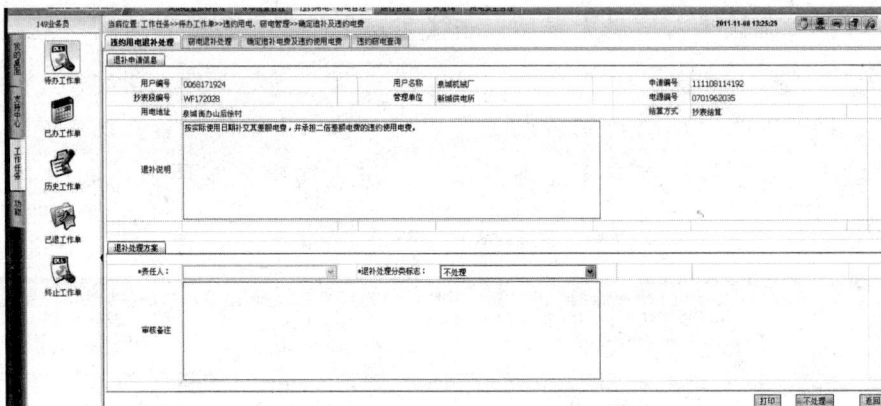

图 4-36　违约用电退补处理

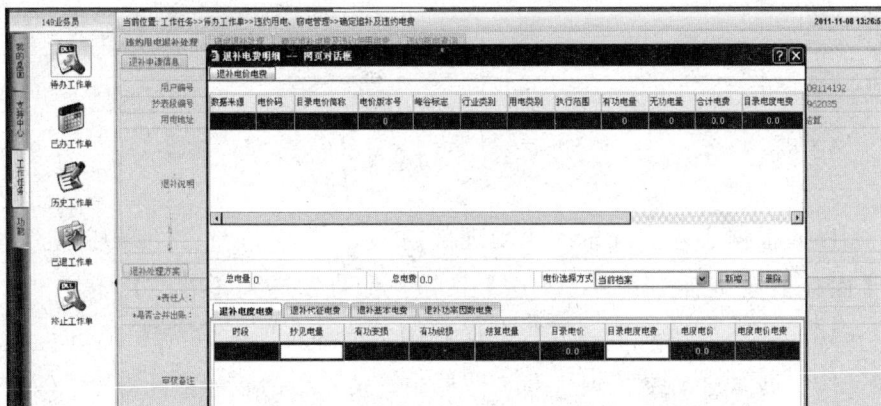

图 4-37　追补电费页面

（19）在"电价选择方式"中，如果追补的电费是对当前用户制订的，则选择"当前档案"；如果是该用户曾经执行过的电价，则可以选择"电费台账"；如果不是上面两种，则可以选择"电价表"。选择后点击【新增】按钮，系统会将电价显示出来，如图 4-38 所示。

（20）选择追补的电价，在"结算电量"中录入需要追补的电量，然后点击【保存】按钮，系统会自动计算出"目录电度电费"、"各个代征项电费"、

用电检查管理操作

"电度电费"，确定好费用后点击【返回】按钮，回到违约用电退补处理页面。

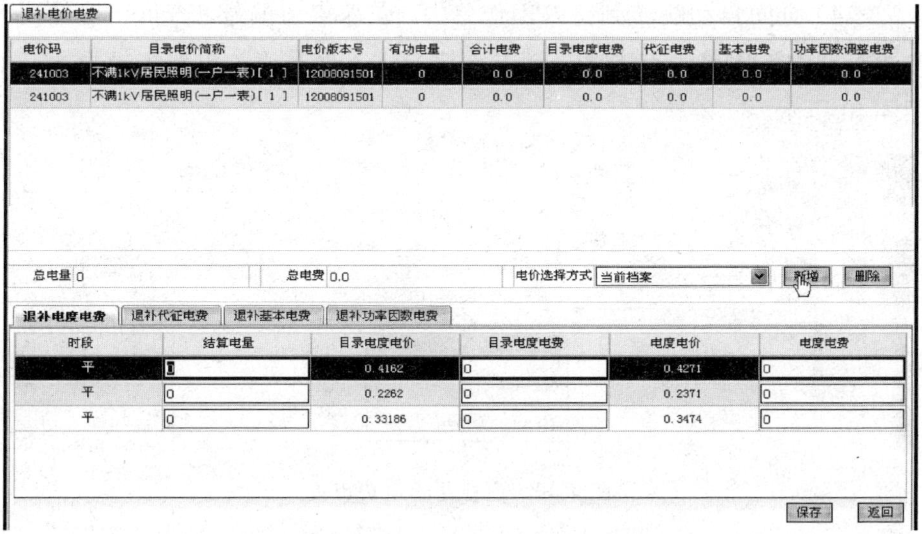

图 4-38　电价选择方式

（21）点击【窃电退补处理】标签页按照上面的流程在对窃电做追补电费。

（22）违约用电和窃电的电费都追补之后再点击【确定追补电费及违约使用电费】标签页，进入确定追补电费及违约使用电费页面，如图 4-39 所示。

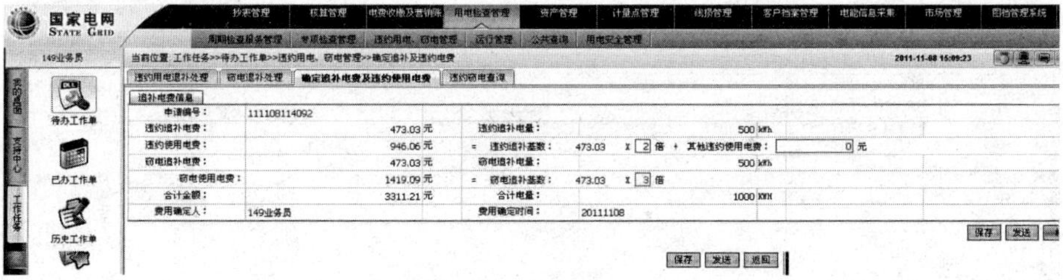

图 4-39　追补电费及违约使用电费

（23）可以对罚款的倍数进行更改，也可以在"其他违约使用电费"中直接定义罚款数额，录入完成后点击【保存】按钮，完成罚款的录入，确认无误后点击【发送】按钮，流程发送到追补违约电费审批环节。

（24）页面自动跳转到待办工作单中，录入申请编号，查询出追补违约电费审批的工作单，点击【处理】按钮，进入追补违约电费审批页面，如图 4-40 所示。

图 4-40　追补违约电费审批

（25）录入审批意见后点击保存，如果审批通过，点击【发送】按钮后流程则发送到【违约窃电单据打印】；如果不通过，点击【发送】按钮后流程则回到之前的环节。

（26）页面自动跳转到待办工作单中，录入申请编号，查询出"违约窃电单据打印"的工作单，点击【处理】按钮，进入违约窃电处理通知页面，如图 4-41 所示。

图 4-41　违约窃电处理通知

（27）该页面可以查看违约用电窃电的所有情况，点击【打印】按钮，弹出打印单据选择页面，打印"缴费通知单"，完成打印，关闭页面后点击【发送】按钮，流程发送到退补电费发行页面。

（28）页面自动跳转到待办工作单中，录入申请编号，查询出"退补电费发行"的工作单，点击【处理】按钮，进入退补电费发行页面，如图 4-42 所示。

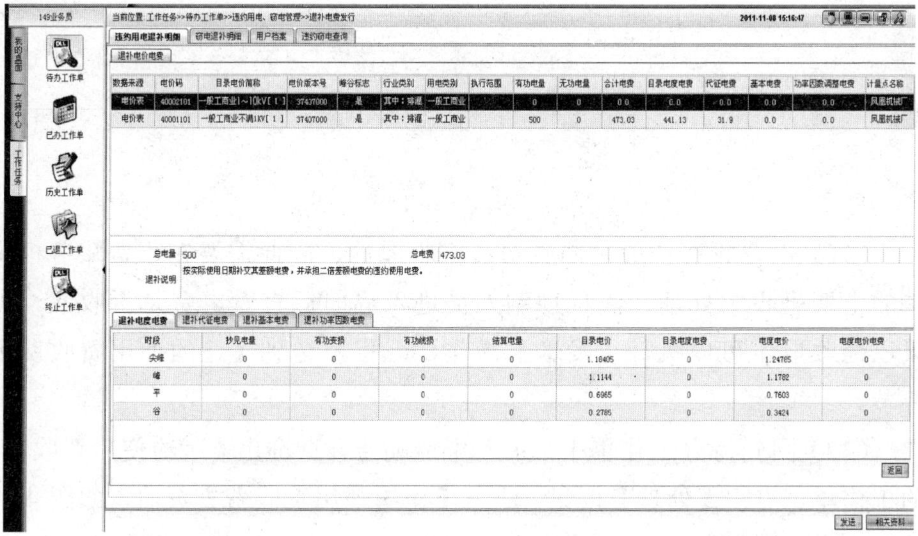

图 4-42 退补电费发行

（29）在退补电费发行页面可以点击【违约用电退补明细】和【窃电退补明细】，查看退补电费的明细，确定无误后点击【发送】按钮，执行电费发行和流程发送的功能，流程发送到电费收费环节。

（30）页面自动跳转到待办工作单中，录入申请编号，查询出【电费收费】的工作单，点击【处理】按钮，进入电费收费页面，如图 4-43 所示。

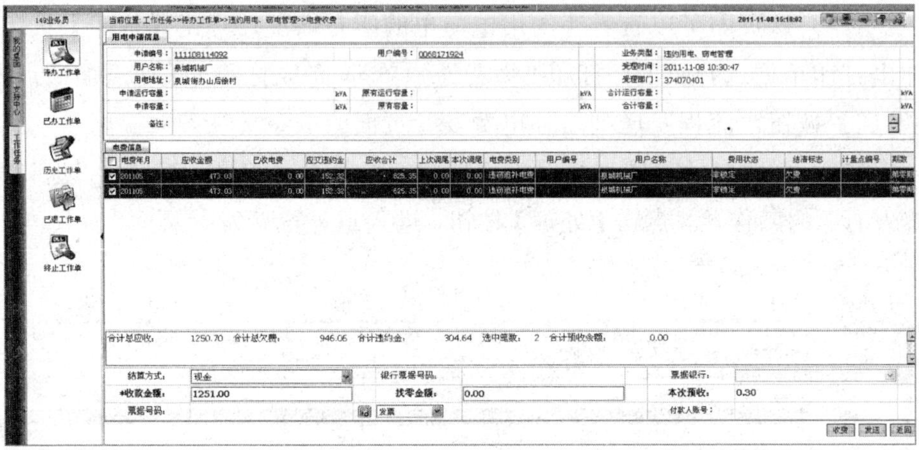

图 4-43　电费收费

（31）电费收费一般是由收费员来收取的，因此需要在收费账务模块中的电费坐收中处理，流程控制人员进入界面后查看电费是否收取，如果已经收取，可以执行【发送】操作，流程发送到【违约使用费收费】环节。

（32）回到待办工作单中，录入申请编号，查询出【违约使用费收费】的工作单，点击【处理】按钮，进入【违约使用费收费】页面，如图 4-44 所示。

（33）违约使用费收费的情况与电费收费类似，也是由收费员在业务费坐收功能中收取，收费员不直接操作流程，进入后查看业务费是否收取，如果已经收取，可以执行【发送】操作，流程发送到归档环节。

（34）页面自动跳转到待办工作单中，录入申请编号，查询出归档的工作单，点击【处理】按钮，进入归档页面，如图 4-45 所示。

（35）在归档环节，录入档案的存放位置后点击【保存】按钮，完成档案保存。点击【打印】按钮，可以打印窃电行为报告。

（36）如果有窃电行为，在归档的时候会出现【复电】按钮，如果该用

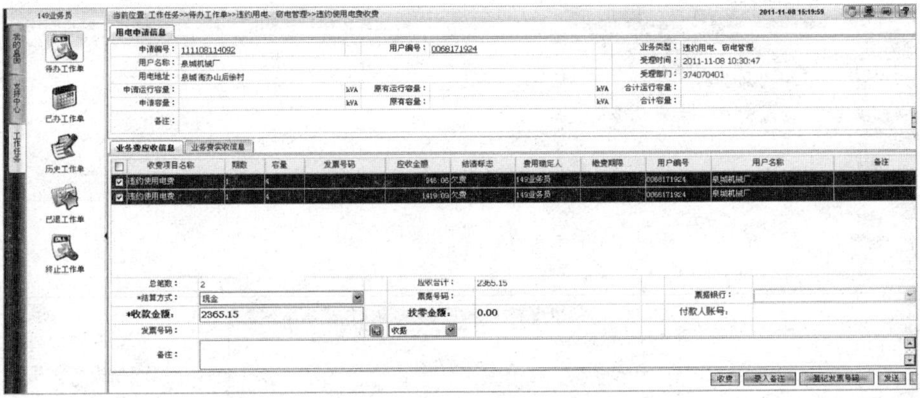

用电检查管理操作

图 4-44　违约使用费收费

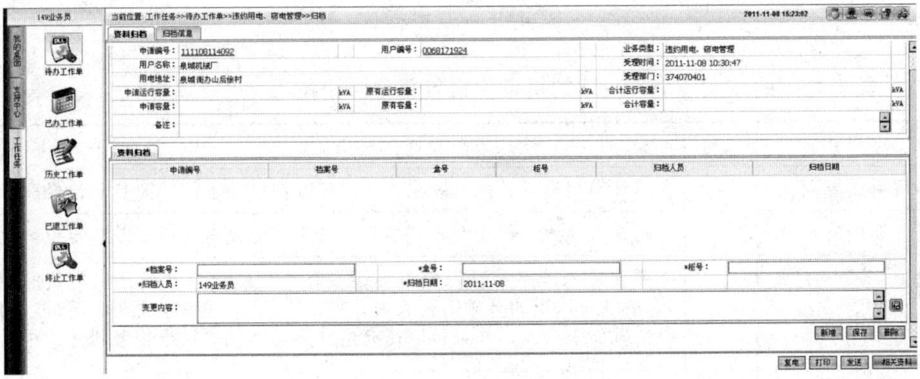

图 4-45　归档环节

户已经停电，并且电费和罚款已经结清，则点击【复电】按钮，系统弹出复电发起页面，如图 4-46 所示。

（37）录入"计划复电时间""复电原因"后点击【发送】按钮，复电子流程发起。关闭【复电】发起页面，回到归档页面，点击【发送】按钮后流程结束。

违约用电、窃电管理操作技巧见表 4-4。

图 4-46　复电操作

表 4-4　　　　　　　　　　违约用电、窃电管理操作技巧

流程环节	工号	流程说明、注意事项及操作技巧
现场调查取证		该环节可以上传照片和录像，也可以将已经上传的照片和录像删除
窃电处理		在窃电流程中停电时不需要发起流程，但复电时需要发起复电流程
窃电立案		需要录入涉案金额，但流程还没有走到确定追补及违约电费的环节，因此，这里的金额需要人为计算出来，可以在窃电处理环节的"窃电情况"中录入，并且可以在窃电立案环节的"窃电现象描述"中看到相应信息
追补违约电费审批	1××	一般由上级部门审批，如果在待办工作单中看不到该工作单，请到已办工作单中查询到工作单后点击【进程查询】，查看该工作单应该由谁来处理
退补电费发行		一般是由核算员处理，如果在待办工作单中看不到该工作单，请到已办工作单中查询到工作单后点击【进程查询】，查看该工作单应该由谁来处理
电费收费、违约使用电费收取		1. 一般是收费员在电费坐收功能里收费，因此，收费员只收费而不发送流程；而流程控制人员不收费，因此，在这个功能中流程控制人员不要点击【收费】按钮，只需要查看费用是否结清，如果已经结清，只需要发送流程即可。 2. 收费页面的【保存】按钮就是收费，因此，提醒流程操作人员不要点击

二、常见问题处理

（1）无档案用户如何录入窃电信息？

在现场调查取证页面录入窃电情况之后直接点击保存按钮，系统会提示"是否发起无档案客户违约窃电流程"，点击确定后系统会自动生成一个用户编号，并且生成无档案用户名称，在收费打印时可以录入系统自动生成的用户编号，收取费用。

（2）在窃电处理环节选中停电复选框后，保存并发送为什么没有发起停电流程？

此处只要勾选住停电，发送后该用户就已经置为停电状态，不需要发起停电流程。

（3）为什么在电费发行环节看到的金额不是我制订时的金额？

违约窃电确定的费用分为两部分，一部分是追补的电费，是要进入营业成本的；另一部分是罚款，在系统中称为业务费，是不进生产成本的，因此，在电费发行环节看到的金额只是电费的金额。

【操作实例】

新城供电所管辖的居民用电用户（自建的低压居民用户或查询本工号建的用户），该户利用住宅沿街的优势，在家中私自开设小卖部。被供电企业的用电检查人员查获。经对小卖部中的电器使用情况进行测算，实际已使用了 300kW·h 的一般工商业电量，无其他违约用电和窃电行为。请按上述提供的信息，做一个窃电、违约用电处理流程（做到流程归档结束止）。

计量资产购置与检定操作

【项目描述】

介绍计量资产在整个生命周期的相关背景知识；在实训任务中对编制年度需求计划、设备订货清单、新购暂管入库、检定校准及检验等流程进行操作与讲解。

【教学目标】

（1）了解计量资产购置与检定业务的背景知识与功能。

（2）熟悉计量资产购置与检定的相关流程操作，其中，应会建立、使用周转箱并理解周转箱的作用。

（3）可以根据实训任务要求，独立完成新购暂管入库的相关操作。

任务一 业务相关知识

【任务描述】

通过介绍计量资产在整个生命周期的相关背景知识，使学员对计量资产的管理有整体上的认识，有助于对流程操作的理解和掌握。

本业务是对计量资产工作进行管理，根据电力工程建设、专项工程、业扩发展需要，以及招标选型结果、供应商资信等信息编制设备需求计划，审批通过后，编制设备订货清单，执行订货采购。资产管理整体框图如图5-1所示。

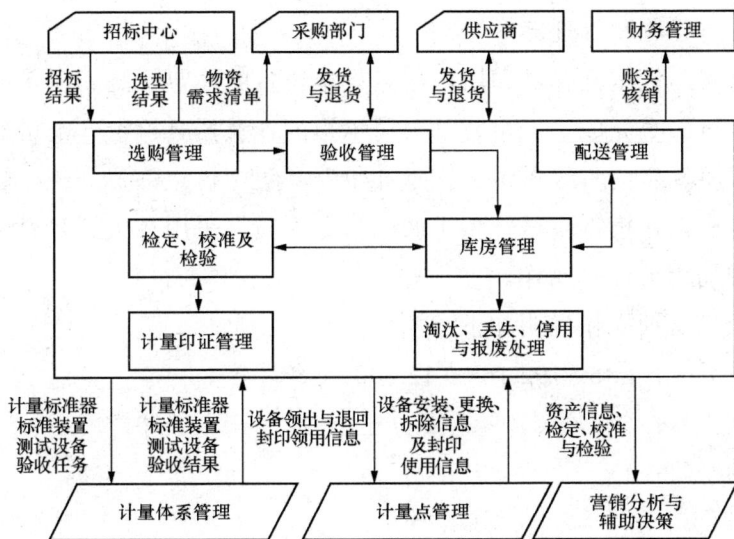

图 5-1 资产管理整体框图

计量资产购置与检定操作

按照订货合同（含技术协议）的要求，在新购设备发货前需对所采购批次设备进行到货前检验工作，检验不合格的批次不允许发货；在新购设备到货后，进行开箱验收、取样核查、抽检验收、全检验收，对质保期内的设备进行监督抽样检验，对验收不合格的设备进行退换处理。新购暂管入库放置在待验收存放区，经检验合格后放置在对应存放区，根据入库设备状态将设备存放在对应储位上，并对入库设备进行核验和登记。

该业务流程通过接收设备招标选型、采购设备验收、设备安装前检定、运行设备监督抽检、设备周期检定（轮换）、用户设备申请校验等检验任务要求，按照有关检定、校准规程开展相应的设备检定、校准及检验工作，并返回检验结果。

根据"三集五大"体系建设总体安排部署，按照上下协同、指挥通畅、运作高效的原则，各地逐步成立了省级计量中心，其负责计量器具检定、配送等省级集中业务执行，生产计划管理，计量资产全寿命周期管理，计量印证统一订制和管理。

电能表、低压互感器和用电信息采集设备的检定检测、质量抽检等均由省级计量中心完成。地市、县公司承担的计量器具检定、配送及资产管理原业务将逐步向省级集中，实行计量器具集中检定，资产统一管理。

情境模拟：模拟泉城计量中心的计量人员，采用相关工号登录，进行资产管理的相关任务操作。

该业务实训操作说明如下：

登录系统：http://192.168.9.12:8001/web/

实训工号：5××（××为工位座位号，01 即为501）

实训密码：1

任务二　编制年度需求计划

【任务描述】

通过流程完成编制年度需求计划和需求计划审核的业务操作。

需求计划管理是指根据电力工程建设、专项工程及业务扩展需要编制设备需求计划，经审核、审批通过后提交，执行采购订货。有下级单位的，编制时要汇总/平衡下级单位的需求，根据实际工作情况、资金情况等信息，对计划进行汇总/平衡调整。编制年度需求计划流程图如图5-2所示。

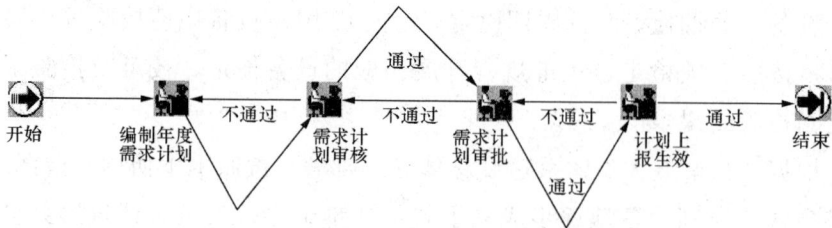

图 5-2　编制年度需求计划流程图

具体操作流程如下：

（1）点击资产管理>>选购管理>>编制年度需求计划；正确填写计划类型，由于学员同时操作时，制订的计划较多，"计划类型"选为年度计划（半年度修订），点击【保存】，如图 5-3 所示。

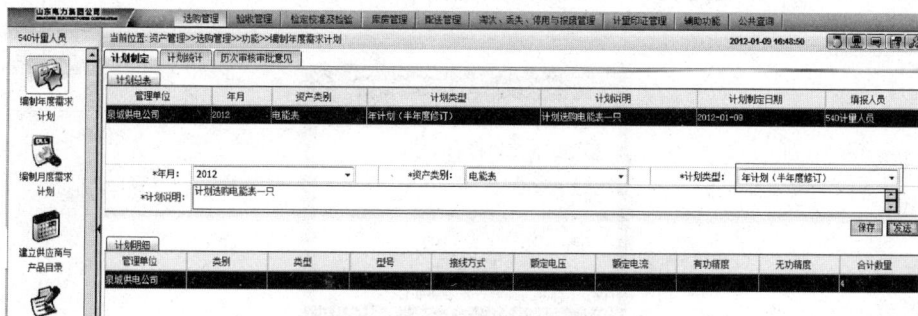

图 5-3　编制年度需求计划

（2）点击待办工作单中的"需求计划审核"，如图 5-4 所示。

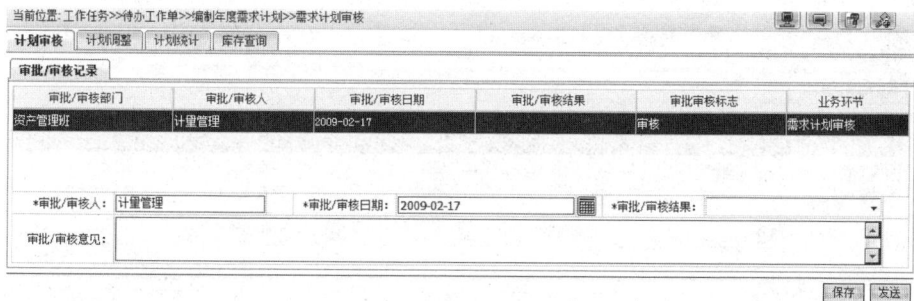

图 5-4　需求计划审核

（3）选取审批/审核结果，并录入审批/审核意见，点击【保存】按钮，即可单击【发送】至下一流程环节，如图 5-5 所示。

因流程权限的全开放性，在做每一个环节时应注意自己角色的切换。

图 5-5　审批需求计划

（4）点击待办工作单中的"计划上报生效"，如图 5-6 所示。

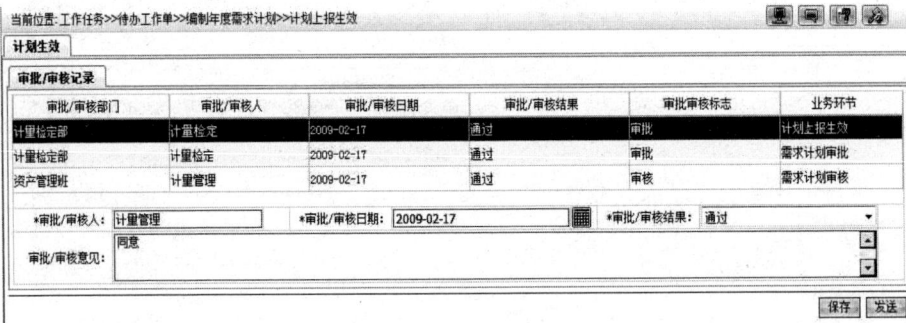

图 5-6　计划上报生效

（5）选取审批/审核结果，并录入审批/审核意见，点击【保存】按钮，即可单击【发送】，使流程结束，如图 5-7 所示。

当前位置: 工作任务>>待办工作单>>编制年度需求计划>>计划上报生效

计划生效

审批/审核记录

审批/审核部门	审批/审核人	审批/审核日期	审批/审核结果	审批审核标志	业务环节
计量检定部	计量检定	2009-02-17	通过	审批	计划上报生效
计量检定部	计量检定	2009-02-17	通过	审批	需求计划审批
资产管理班	计量管理	2009-02-17	通过	审核	需求计划审核

*审批/审核人: 计量管理　　*审批/审核日期: 2009-02-17　　*审批/审核结果: 通过

审批/审核意见: 同意

保存　发送

申请编号【200902101795】的流程已经结束!

确定

http://10　Internet | 保护模式: 禁用

图 5-7　计划流程结束

任务三　编制设备订货清单

【任务描述】

按照已编制年度需求计划的要求完成订货清单、需求审核和订货合同打印等相关业务操作。

根据计划首先编订货清单，具体内容包括物资名称、型号规格、单位、生产厂家、定购数量、单价、资产编号段、要求到货时间等流程，如图 5-8 所示。

开始　→　编制设备订货清单　→　需求审核　→　是否需要签订技术协议　否→　签订技术协议　→　设备订货清单打印　→　结束
是↓

图 5-8　编制设备订货清单流程图

具体操作流程如下：

（1）点击资产管理>>选购管理>>编制设备订货清单；正确填写物资需求单的信息，如"结算单位"、"接收单位"，点击【保存】后【发送】，如图 5-9 所示。

图 5-9　编制设备订货清单

（2）点击工作任务>>待办工作单；处理"需求审核"环节，点击【保存】后【发送】，如图 5-10 所示。

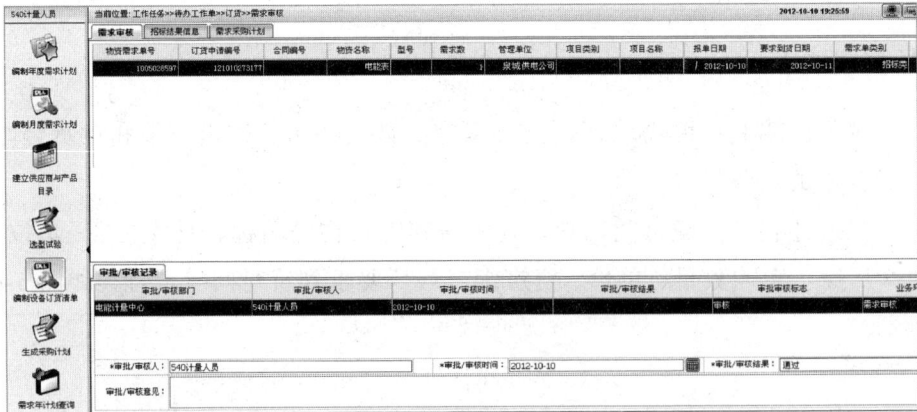

图 5-10　需求审核

（3）点击工作任务>>待办工作单>>订货>>签订技术协议；先填写合

同信息，并记下"合同编号"、"物资需求编号"，点击【保存】，如图 5-11
所示。

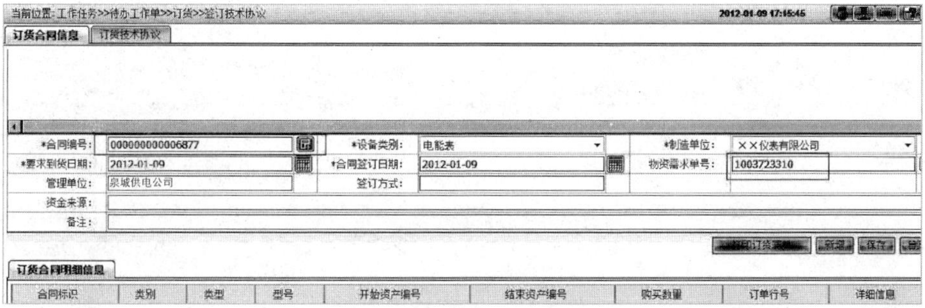

图 5-11　订货合同信息

（4）在新增订货合同明细中，记下"起始条形码"，"结束条形码"，点击【保存】，如图 5-12 所示。

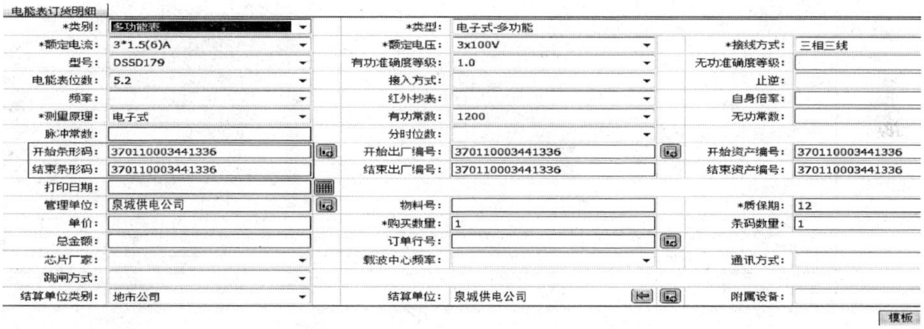

图 5-12　新增订货合同明细

（5）切换到订货技术协议页面，点击【保存】后【发送】，如图 5-13
所示。

（6）处理"设备订货清单打印"环节，点击【发送】，工作流程结束，
如图 5-14 所示。

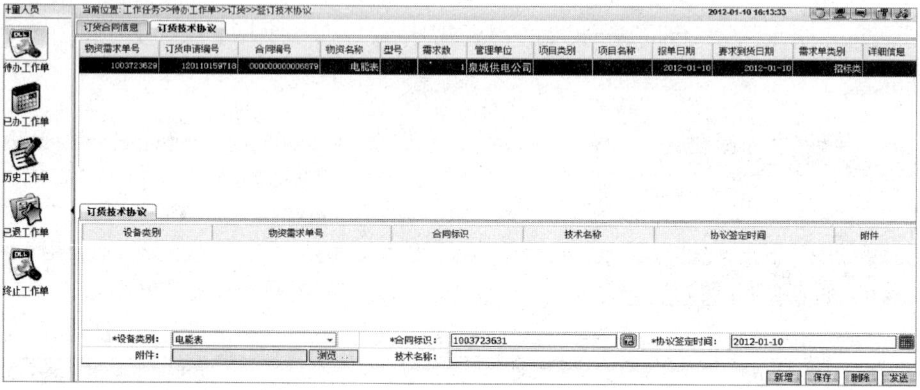

电力营销业务应用系统

图 5-13　签订技术协议

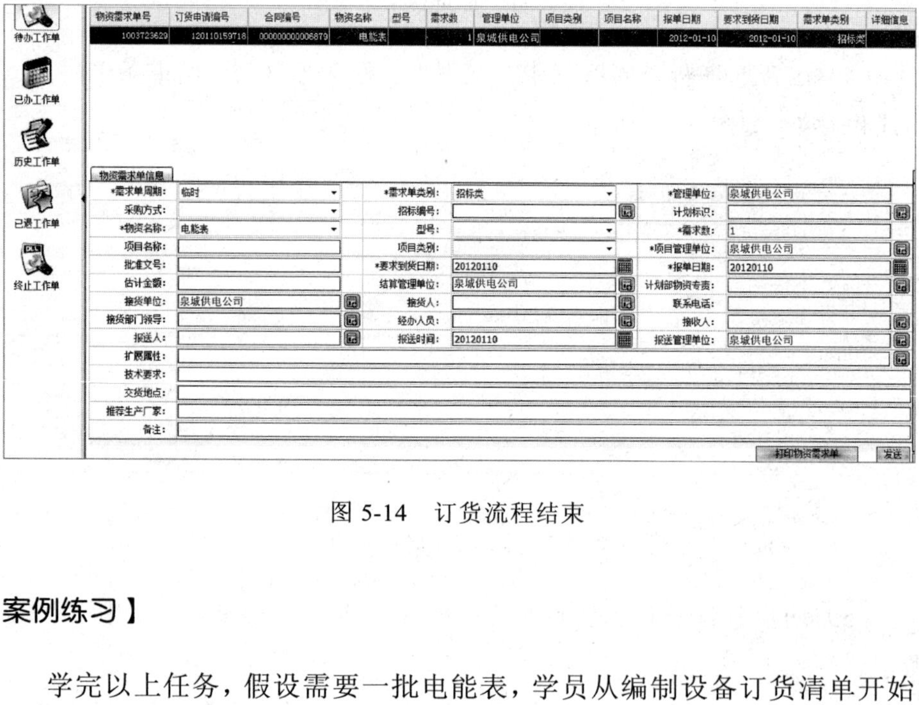

图 5-14　订货流程结束

【案例练习】

学完以上任务，假设需要一批电能表，学员从编制设备订货清单开始，完成设备的订货练习。

任务四　新购暂管入库

【任务描述】

在系统资产管理下，通过选购管理中产生的订货合同信息，结合箱筐操作，完成新购到货验收、资产信息核对、暂管入库等相关操作。

新购暂管入库流程见图 5-15。

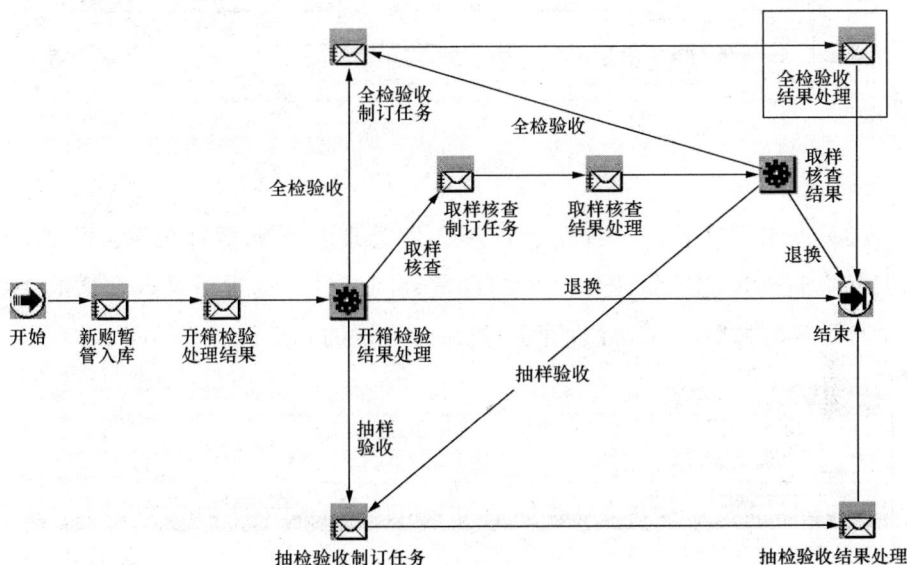

图 5-15　新购暂管入库流程图

流程要求：自建周转箱，到货电能表按箱筐出/入库，验收、检定到货电能表。

具体操作流程如下：

（1）点击资产管理>>库房管理>>功能>>周转箱建档/报废，正确填写"型号"Z××（××为电脑座位号）等，记下"周转箱条形码"，点击【保存】，周转箱建立成功，如图 5-16 所示。

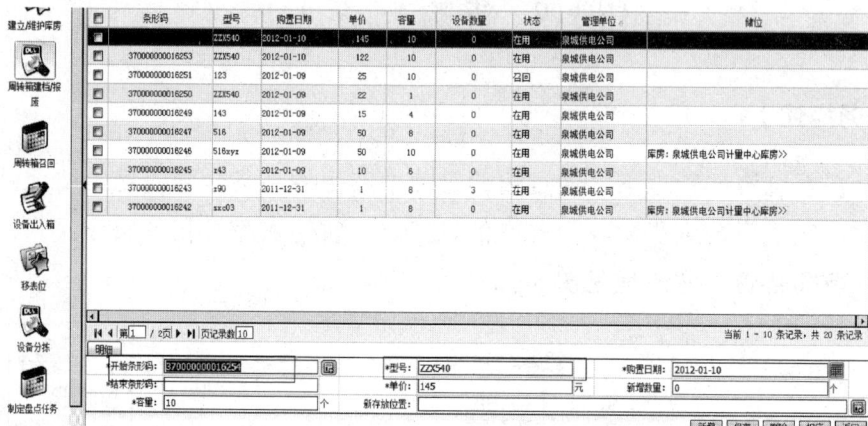

图 5-16　周转箱建档

（2）点击资产管理>>库房管理>>入库管理>>新购暂管入库；根据"合同编号"查询出选购管理中产生的订货合同信息，选中后录入合适的"到货批号"等信息后，点击【保存】，则录入本次的到货信息，如图 5-17 所示。

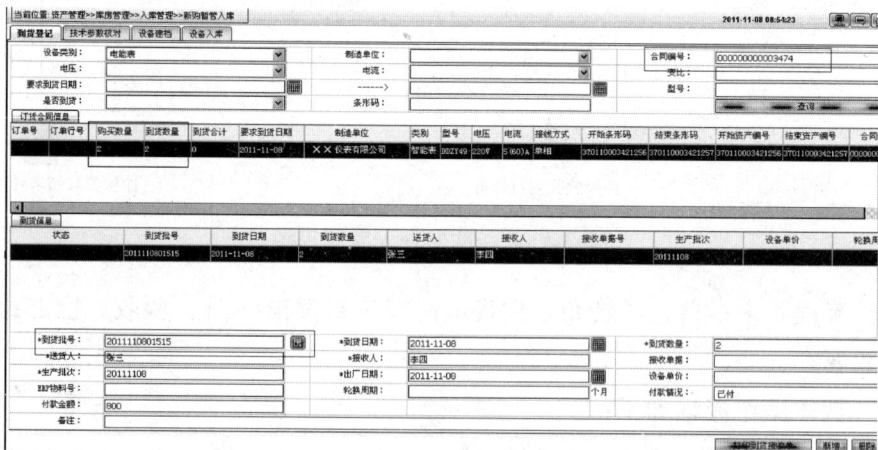

图 5-17　录入到货信息

（3）切换到"技术参数核对"页面，可根据到货设备具体情况补录订货清单中没有的其他技术参数信息，确认无误后，点击【保存】，即完成技术参数核对工作，如图 5-18 所示。

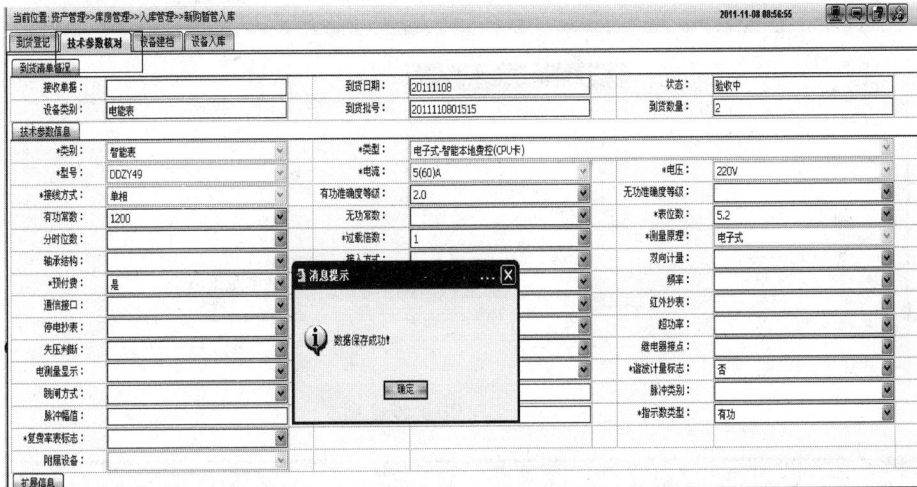

图 5-18 技术参数核对

（4）切换到"设备建档"页面，"条形码"、"资产编号"和"出厂编号"已由先前选购管理的设备订货清单中映射过来，确认技术参数核对无误后，点击【保存】，则可完成到货设备的建档，如图 5-19 所示。

（5）切换到【设备入库】页面，选择"按箱框入库"，输入"周转箱条形码"，应该先将到货设备先装入周转箱（"设备装箱筐"），点击【显示全部】按钮，则会显示该批"新购"状态的到货设备，选取待装箱的设备与合适的领退人员后，点击【装箱】，即可完成设备装箱筐操作，如图 5-20 所示。

（6）再切换到"确认储位"，对此周转箱确认储位信息后入库，即装入周转箱的设备同时入库，如图 5-21 所示。

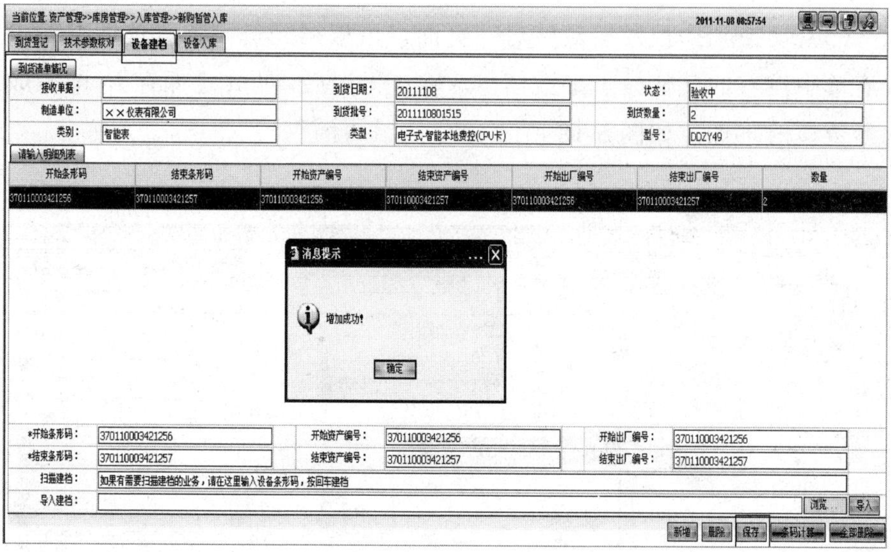

图 5-19　到货设备建档

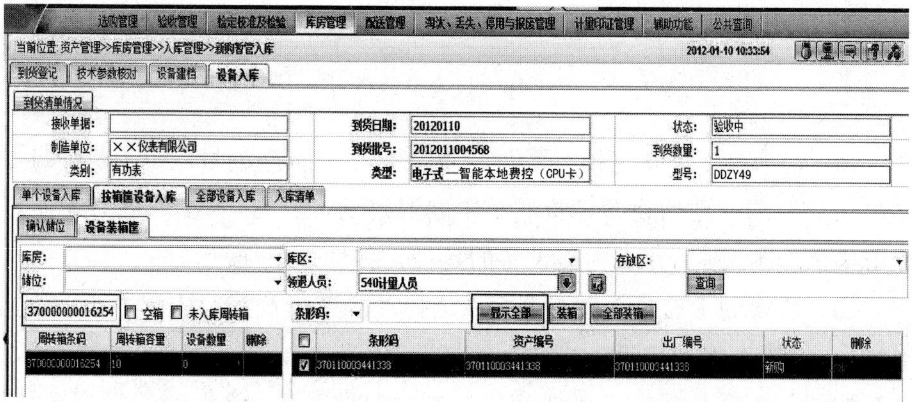

图 5-20　新购设备入库

（7）在"设备入库"页面中，切换到"入库清单"子页，可以查看本次入库操作的所有入库设备信息，点击【发送】，发起后续的"开箱检验处理结果"流程，如图 5-22 所示。

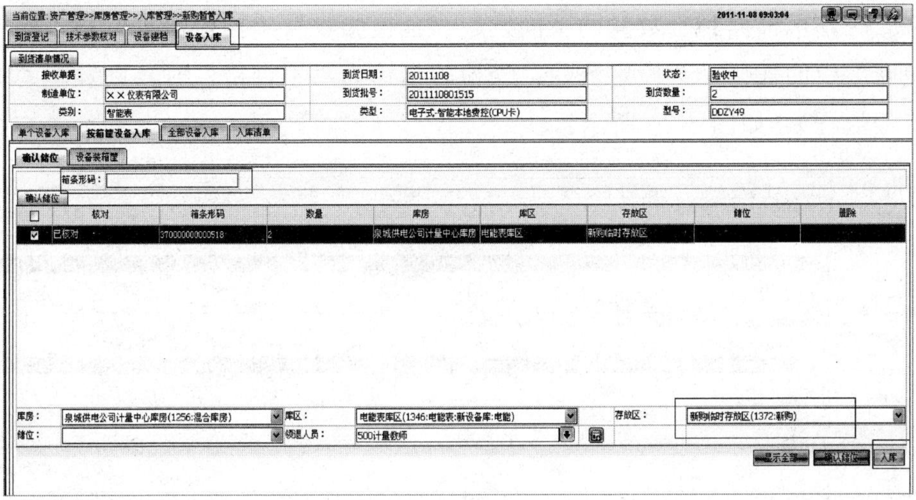

图 5-21　新购设备入库

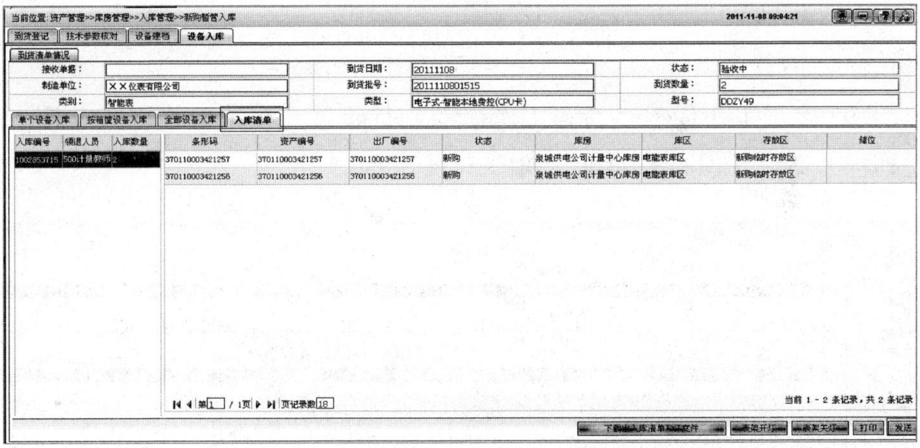

图 5-22　入库后发起后续流程

（8）点击工作任务>>待办工作单>>到货验收>>开箱检验处理结果，确认无误后，选取"检验结论"和"处理结果"，则可以根据检验结论针对该批新购设备分别发起"退货"及"检验"的后续流程（当检验结论为"合格"时，可根据到货数量的不同发起"全检验收"、"抽检验收"和"取样核查"中的任何一个检定流程；当检验结论为"不合格"时，则发起"退货"流程），如图 5-23 所示。

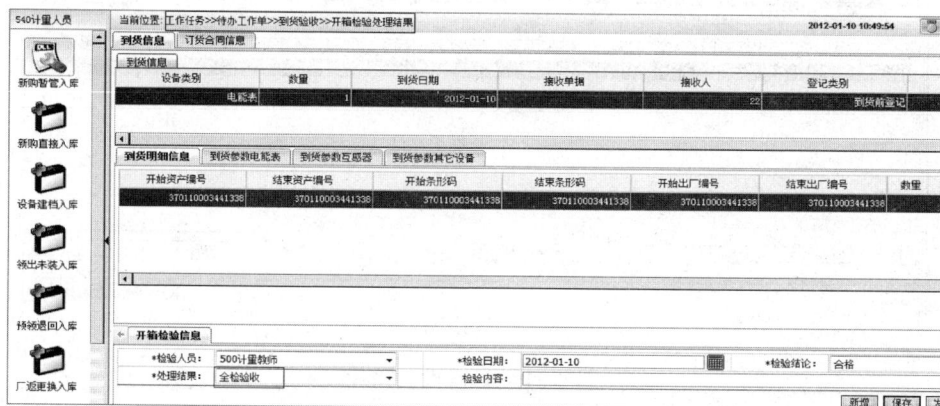

图 5-23　开箱检验结果处理

（9）点击工作任务>>待办工作单>>到货验收>>全检验收制订任务，确定抽样方案后【保存】即可，如图 5-24 所示。

图 5-24　全检验收制订任务

（10）切换到"制订检测计划"页面，点【保存】后生成"计划编号"，点击【发送】，如图 5-25 所示。

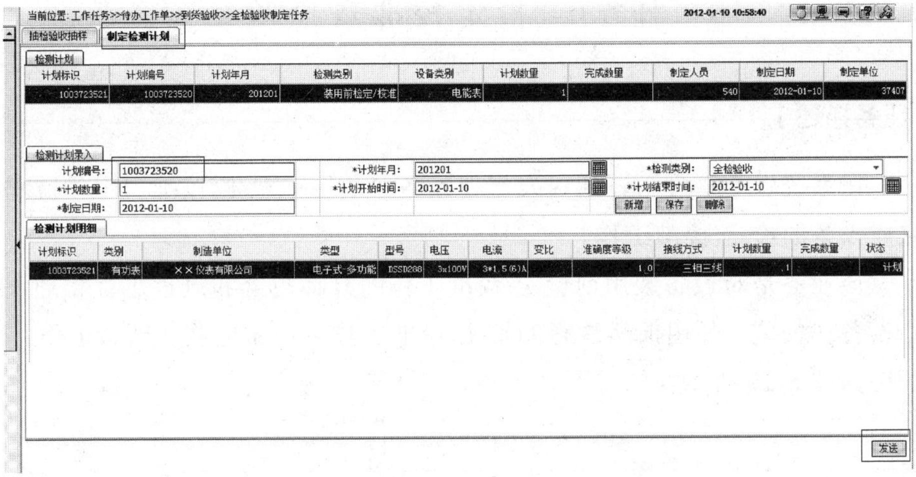

图 5-25　制订检测计划

（11）点击工作任务>>待办工作单>>到货验收>>全检验收结果处理，流程在此暂停待续，如图 5-26 所示。

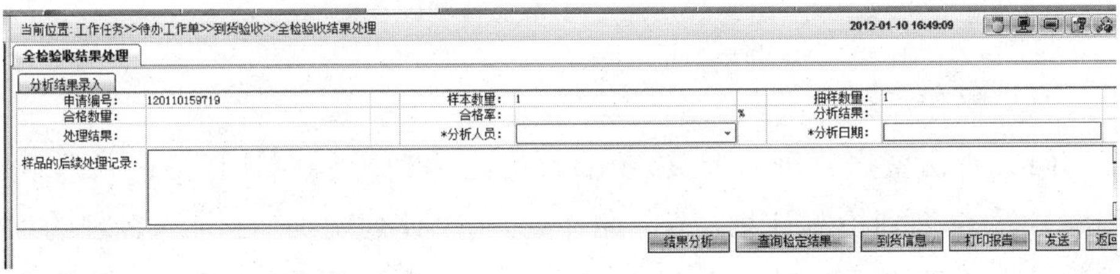

图 5-26　全检验收结果处理

【案例练习】

　　学完以上任务针对订货要求，学员进行设备的新购暂管入库和开箱检验的相关实例练习。

任务五 检定校准及检验

【任务描述】

在系统资产管理下，通过发起对设备"装用前检定/校准"工作流程，完成设备的检定/校准工作。

该业务是对设备装用前检定/校准工作的具体内容和过程进行管理，是指设备在安装、使用前所进行的检定/校准工作及设备验收、试验工作，流程图如图 5-27 所示。

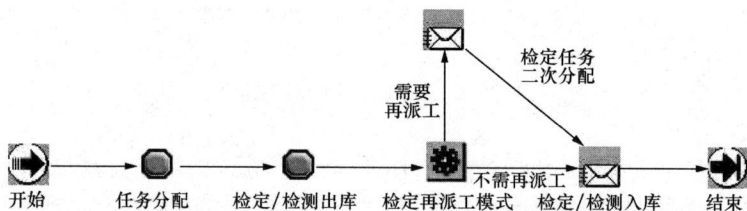

图 5-27 检定/校准及检验流程图

具体操作流程如下：

（1）点击资产管理>>检定/校准及检验>>功能>>制订任务；录入"计划编号"，查询到检测计划，选中此计划，在"计划明细"中录入合理的"安排数量"、"工作环节/人员"等选项，点【安排】后【发送】，发起后续的"检定/检测出库"流程，如图 5-28 所示。

（2）点击工作任务>>待办工作单>>装用前检定/校准>>检定/检测出库，可选择"箱箧出库"，选取领退人员，选中相应的周转箱，点击【出库】后【发送】，如图 5-29 所示。

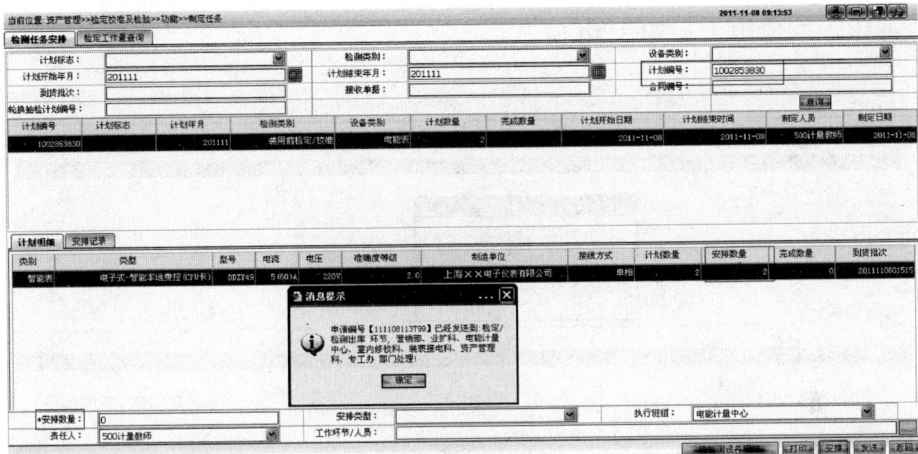

图 5-28　制订检定任务

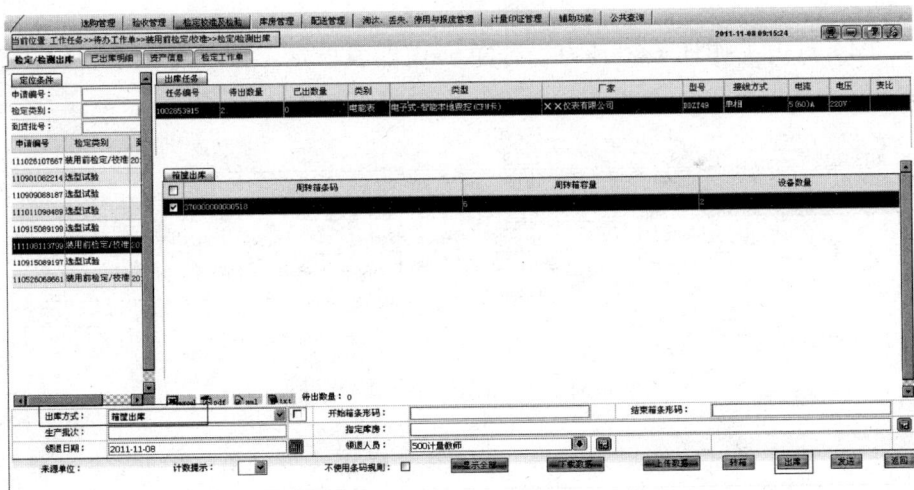

图 5-29　检定/检测出库

（3）点击工作任务>>待办工作单>>装用前检定/校准>>检定任务二次分配，选中此计划在"计划明细"中再次录入合理的"安排数量"、"工作环节/人员"等选项，点【发送】，同时发起后续的"检定/检测入库"、"电能表检定"流程，如图 5-30 所示。

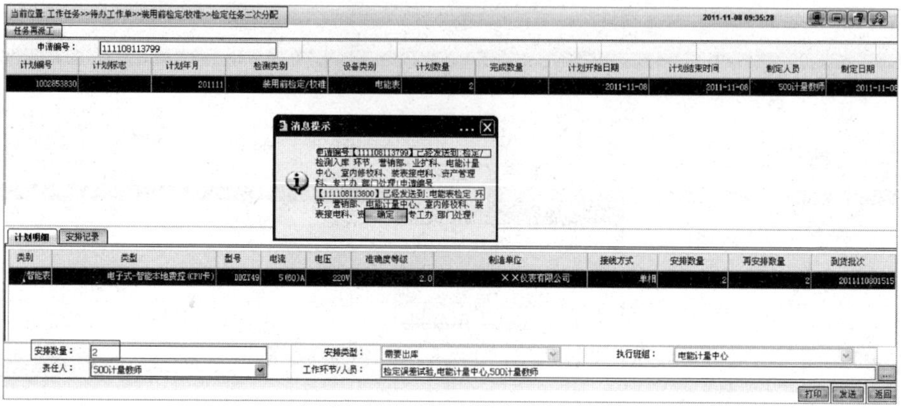

图 5-30　检定任务二次分配

（4）点击工作任务>>待办工作单>>电能表检定工作>>电能表检定；通过"手工录入"电能表相关检定结果并保存，如图 5-31 所示。

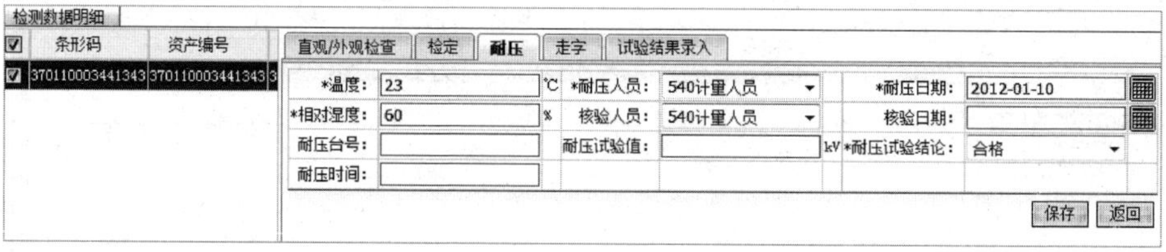

图 5-31　手工录入耐压试验合格

（5）选择"试验结果录入"，进行保存后点【返回】，完成检定环节，如图 5-32 所示。

（6）查询"已检"、"已处理"信息记录，正确填写"合格处理状态"、"不合格处理状态"，点击【保存】，如图 5-33 所示。

（7）点击工作任务>>待办工作单>>装用前检定/校准>>检定/检测入库，可选择"按箱筐设备入库"来完成【入库】，如图 5-34 所示。

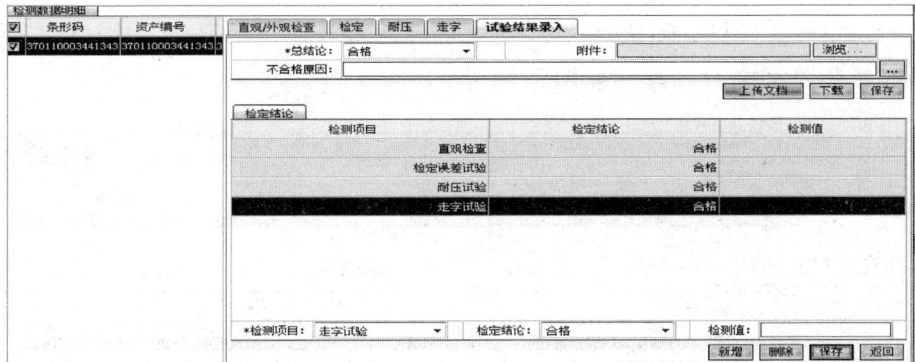

图 5-32 实验结果录入

图 5-33 电能表检定

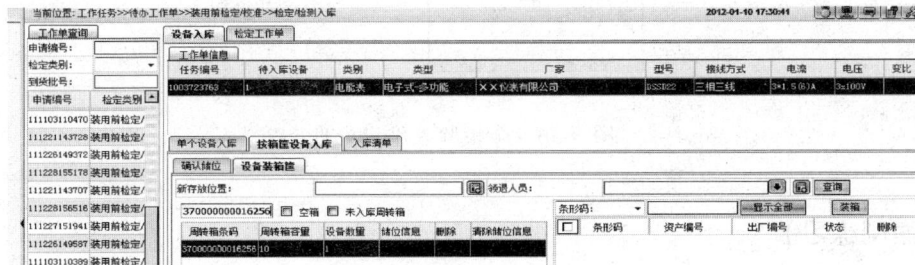

图 5-34 检定/检测入库

（8）再切换到"确认储位"，对此周转箱确认储位信息后入库，即装入周转箱的设备同时入库，如图 5-35 所示。

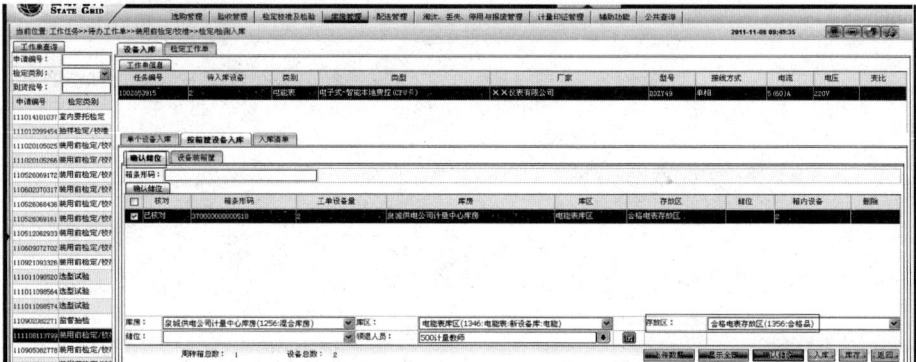

图 5-35　设备入库

（9）切换到"入库清单"，检验设备信息后点击【发送】，该流程结束。

（10）点击工作任务>>待办工作单>>到货验收>>全检验收结果处理，点击"结果分析"即生成结果，填写完整，点击【发送】，"到货验收"流程全部完结，如图 5-36 所示。

图 5-36　全检验收结果处理

【案例练习】

学完以上任务，针对以上订货要求，进行该任务的操作，对设备完成检验检定的相关操作。

【操作实例】

泉城计量中心根据计划选购一批电能表，需要进行相关的订购、开箱检验处理、检定校准及检验等操作，并将合格品放入泉城计量中心库房，电能表合格品存放区；将不合格电能表返厂。

电能表信息：型号 DDS10，10（40）A，220V，电子式普通型，有功常数为1200，有功等级为2.0，其他信息自填。

具体要求如下：

（1）电能表购置从"新购暂管入库"环节开始做起，并对电能表进行开箱检验处理。

（2）走检定/校准及检验（全检）流程，用自己的工号完成操作。

（3）使用周转箱的方式完成环节中的出入库操作。

库房管理操作

【项目描述】

介绍库房管理业务的相关知识与要求；通过实训任务，对整个库房管理操作和相关功能使用进行说明。

【教学目标】

（1）了解库房管理的业务背景知识与要求。

（2）熟悉库房管理操作的整个流程，对流程中的维护库房、周转箱建档与召回、设备出入箱与移表位、设备分拣与入库环节可以熟练操作。

（3）通过实训案例操作，可以独立完成相关的库房管理操作。

任务一 业务相关知识

【任务描述】

通过对库房构成说明和库房管理的工作内容进行相关知识补充，使学员了解库房管理的业务内容和在系统中实现的方法。

该业务是指对库房的库区、存放区、储位的建立和维护工作进行的管理。定置管理工作包括建立和维护库区、存放区和储位，实现库房定置管理。定置信息包括存放区编码、存放区名称、所属库房编码、所属库区编码、储位类型、储位信息等。

库房按设备性质建立库区，库区按设备状态划分为若干个存放区，存放区根据储存方式划分成若干储位，储位信息包括储位编码、存放的相应设备的具体容量等。

对设备入库工作进行管理，根据入库设备状态将设备存放在对应储位上，并对入库设备进行核验和登记。按类别、状态对设备进行入库、出库登记。对库存量进行盘点，并进行盘盈盘亏处理，根据库存量和设备库存时限发出预警。根据库存设备流转的需要，产生出库任务，同时接收来自其他业务流程的出库任务，包括新购暂管出库、配送出库、待检定/校准等。

在库房管理下还能实现多种业务子项，如周转箱建档/报废、周转箱召回、设备出入箱、移表位、设备分拣、领出未装入库等相关操作。

关于库房管理，在 DL/T 448—2000《电能计量装置技术管理规程》第6.4.2 条中规定：

a）电能计量器具应区分不同状态（待验收、待检、待装、淘汰等）分区放置，并应有明确的分区线和标志。

b）待装电能计量器具还应分类、分型号、分规格放置。

c）待装电能表应放置在专用的架子或周转车上，不得叠放，取用应方便。

d）电能表、互感器的库房应保持干燥、整洁，空气中不能含有腐蚀性的气体。库房内不得存放电能计量器具以外的其他任何物品。

e）电能计量器具出、入库应及时进行计算机登记，做到库存电能计量器具与计算机档案相符。

f）库房应有专人负责管理，应建立严格的库房管理制度。

情境模拟：对系统进行库房、库区、存放区和储位的新增、修改及废弃功能，对资产设备进行分级、分类储存管理操作。进行周转箱购置、建档操作，并利用周转箱进行设备入库、设备出库等操作实训。

登录系统：http://192.168.9.12:8001/web/

实训工号：5××；××为座位号，01 即为 501

实训密码：1

任务二　维　护　库　房

【任务描述】

通过对库房建立库区、存放区、储位的定置和修改管理，完成建库操作。

对较大批量的电能表、互感器、失压仪、终端，需要建立库区、存放区、储位的定置管理。对量小的电测仪器仪表、编程器、抄表机等不必建立存放区、储位，直接放置在其他设备库区进行管理。库房按设备类别建立库区，库区按设备状态划分若干个存放区，存放区根据储存方式划分成若干储位，储位信息包括储位编码、存放相应设备的容量等。

具体操作流程如下：

（1）点击资产管理>>库房管理>>功能>>建立/维护库房，点击【新增】，根据实际情况录入或选取参数信息。数据输入完成，检查其正确性后，点击【确定】，即可建立一个新库房；点击【修改】，允许对已建立库房进行参数修改，再次点击【确定】按钮后保存新信息，如图 6-1 所示。

（2）在左侧库房列表中选取刚建立的库房，点击【新增】，根据实际情况录入或选取参数信息。数据输入完成，检查其正确性后，点击【确定】，即可在库房下建立一个新库区；点击【修改】，允许对已建立库区进行参数修改，再次点击【确定】后保存新信息，如图 6-2 所示。

（3）在左侧库房列表中选取刚建立的库区，点击【新增】，根据实际情况录入或选取参数信息。数据输入完成，检查其正确性后，点击【确定】，即可在该库区下建立一个新存放区；点击【修改】，允许对已建立存放区进行参数修改，再次点击【确定】按钮后保存新信息，如图 6-3 所示。

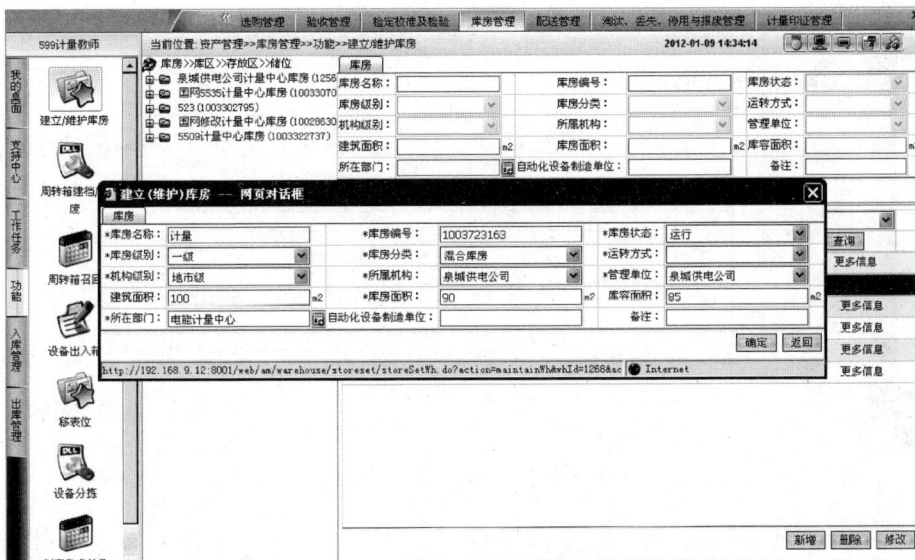

图 6-1　新增库房信息

图 6-2　新增库区

图 6-3　新增存放区

（4）在左侧库房列表中选取建好的存放区，点击【新增】，根据实际情况录入或选取参数信息。数据输入完成，检查其正确性后，点击【确定】，即可在该存放区下建立一个新的储位；点击【修改】，允许对已建立储位进行参数修改，再次点击【确定】按钮后保存新信息，如图 6-4 所示。

图 6-4　新增储位

库房建立成功，可以投入使用。

【案例练习】

学完以上任务，学员练习建立库房库区，并练习删除任务。

任务三　周转箱建档与召回

【任务描述】

通过对周转箱建档、报废、召回操作，熟悉周转箱的作用及其在系统中的操作方法。

（1）资产管理>>库房管理>>功能>>周转箱建档/报废，点击【新增】，根据实际情况录入或选取参数信息。数据输入完成，检查其正确性后，点击【保存】，即可建立一个新周转箱，如图6-5所示。

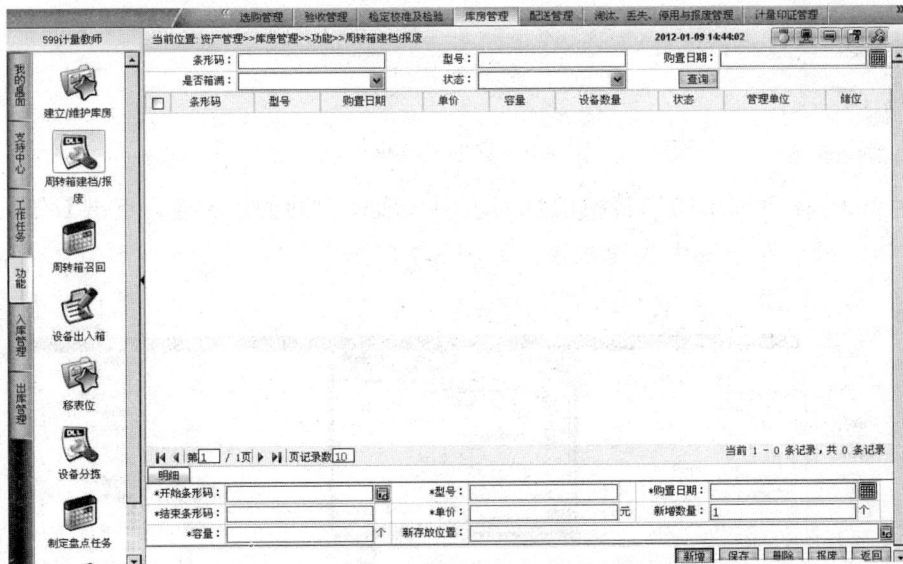

图 6-5　新增周转箱

选择已经建好的周转箱，点击【报废】按钮，则将该周转箱的状态置为"报废"。

如果要查询系统中已有的周转箱信息，在界面上方的"条形码"、"型号"、"是否箱满"、"状态"中录入相应的查询条件，点击【查询】按钮即可。

输入条形码后查询，对于选中的周转箱可进行参数修改和存放位置的修改操作，如去掉储位的操作。

（2）随表计配送到下级供电所的周转箱可以回收利用，走"召回"流程。此项在新城供电所"工号1××"下执行。

资产管理>>库房管理>>功能>>周转箱召回，在界面上方的"管理单位"、"箱条形码"和"型号"栏中选取和录入相应的查询条件，随后点击【查询】按钮，查找出待召回的周转箱信息，如图6-6所示。

图6-6　查询周转箱信息

（3）在查询出的周转箱信息列表中选取待召回的周转箱，点击【召回】按钮，即可召回选中的周转箱，如图6-7所示。

图6-7　召回周转箱

（4）资产管理>>库房管理>>入库管理>>召回周转箱入库，召回的周转箱在泉城计量中心人员工号 5×× 下执行入库操作。

在界面上方的"管理单位"和"开始箱条形码"栏中选取和录入相应的查询条件，按【回车】键，查找出召回的周转箱信息，此时周转箱的状态为"召回"，填入库房信息，点击【确认储位】、【入库】，如图 6-8 所示。

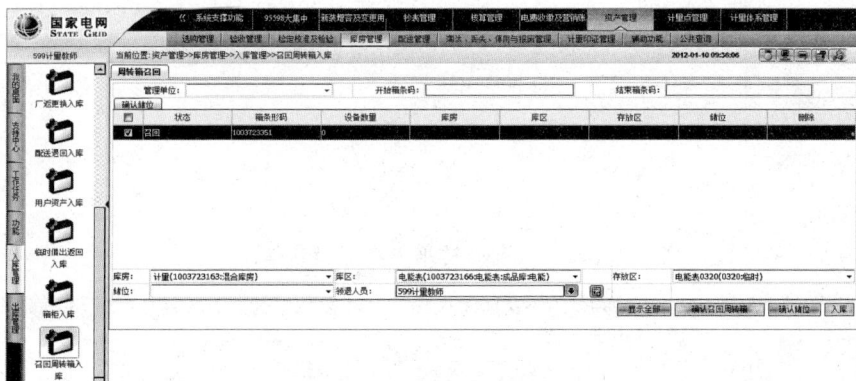

图 6-8　召回周转箱入库

任务四　设备出入箱与移表位

【任务描述】

通过对周转箱的使用，设备的出入箱和移表位操作，完成常见的库房管理业务。

（1）资产管理>>库房管理>>功能>>设备出入箱，在左侧录入"箱条形码"后，按【回车】键，则会显示该周转箱内的设备存放信息，如图 6-9 所示。

（2）在"箱内设备"页面选择"入箱"或"出箱"，并录入相应的设备查询信息，按【回车】键后，选择需要出、入箱的设备，点击"出箱"或

"入箱"，对该设备进行出、入箱操作，设备出箱操作如图6-10所示。

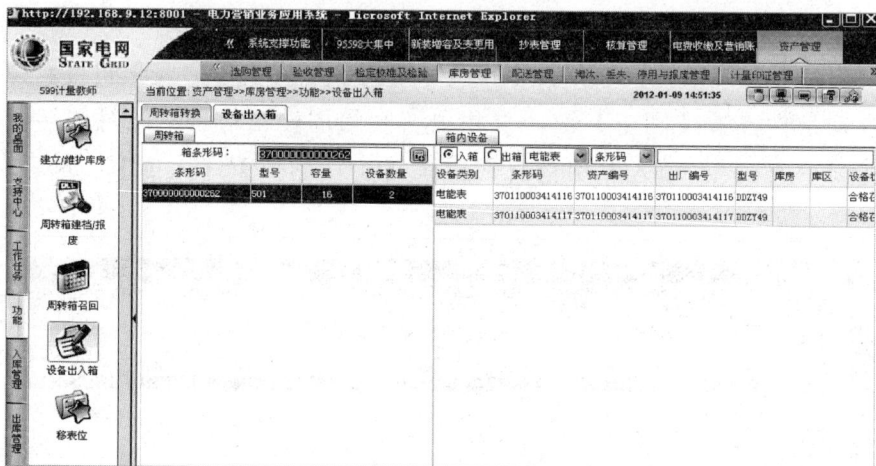

图 6-9 查询周转箱内存放设备信息

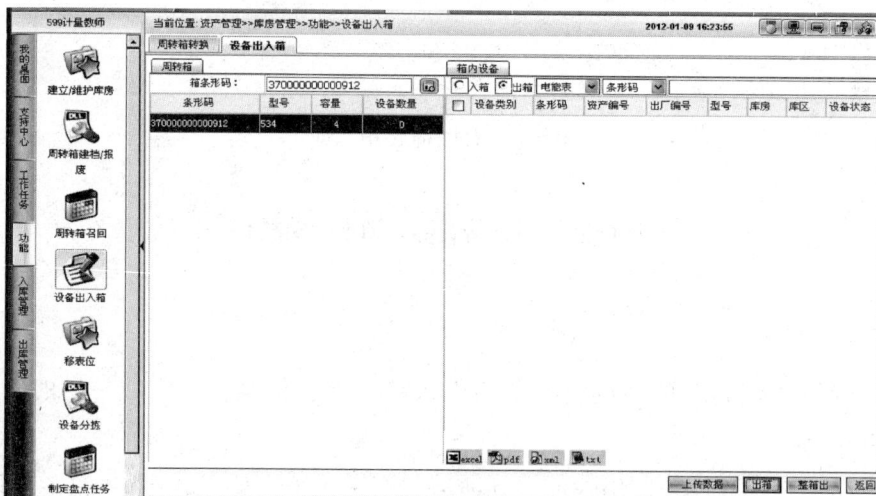

图 6-10 设备出箱操作

（3）点击资产管理>>库房管理>>功能>>移表位，在"待移表设备"查询界面，根据实际情况录入或选取参数信息。数据输入完成，检查其正确性后,按【回车】键,即可查询出待移表设备信息,如图 6-11 所示。

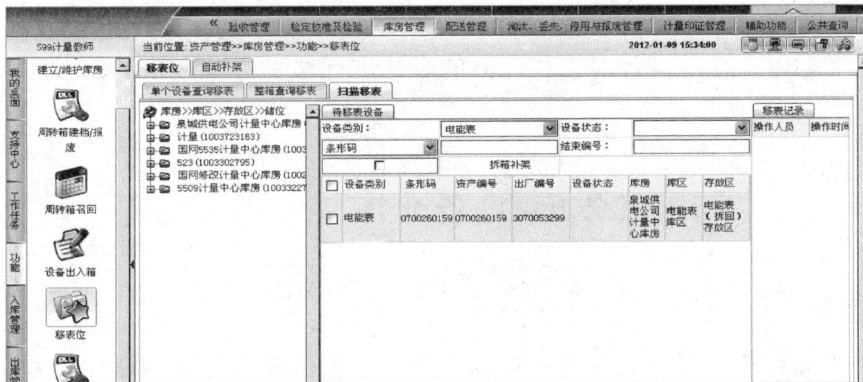

图 6-11 查询待移表设备信息

(4)勾选待移表设备,在"新存放位置"中选取待移入库房信息,录入移表原因后,点击【移表位】按钮,即可将所选资产设备移入新库房,并产生移表记录,如图 6-12 所示。

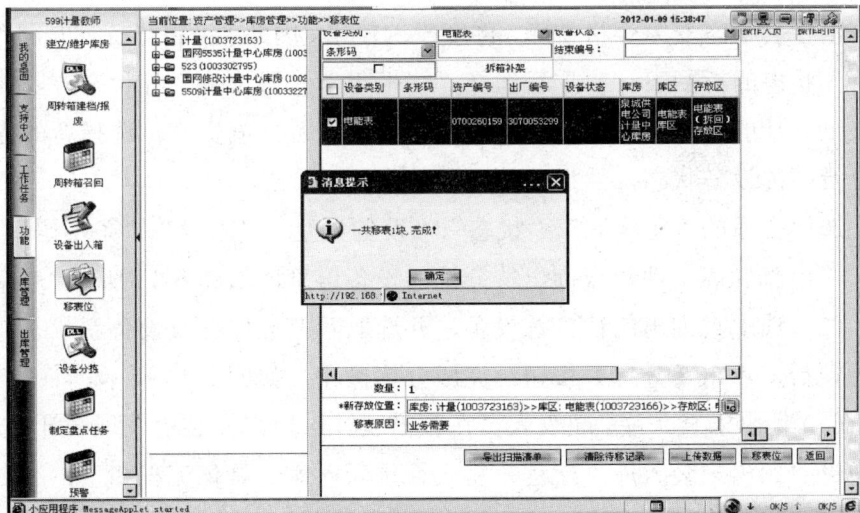

图 6-12 移表位操作成功

【案例练习】

学完以上任务，针对以往建立的表计进行移表位操作和出、入箱操作练习。

任务五 设备分拣与入库

【任务描述】

通过对设备的分拣方式和入库方式的操作，使学员掌握设备库房管理的方法。

（1）点击资产管理>>库房管理>>功能>>设备分拣。

设备分拣：对于所有运行现场拆回的表计，执行完拆回设备入库以后，表计的状态为"待分流"。关于这批表计，有的可能已经不能再使用，后续应走报废流程；有的经过检定，确定还可以继续使用，则后续流程就是通过检定使其状态变为合格在库，再度投入使用。因此，设备分拣就是将"待分流"状态的拆回表计，重新选择"待报废"、"待校验"等状态，以便发起该批表计的后续流程。实际功能就是查询出待分流资产，选择新的存放位置及新的设备状态，然后分拣，使其生效。

选取合适的"待分流"、"状态"、"设备类型"、"型号"、"条形码""厂家"、"电流"等条件，查询出待分拣的设备信息，如图6-13所示。

（2）选中查询出的待分拣设备，并选取新存放位置及设备新状态，确认无误后，点击【分拣】按钮，完成分拣操作，如图6-14所示。

（3）领出未装入库。装表人员在领出表计给用户安装前发现表计错误，可通过"领出未装入库"流程，将表计重新入库。具体流程如下：

资产管理>>库房管理>>入库管理>>领出未装入库，在左侧输入用户申请编号，点击【查询】，选择入库设备，进行入库操作，如图6-15所示。

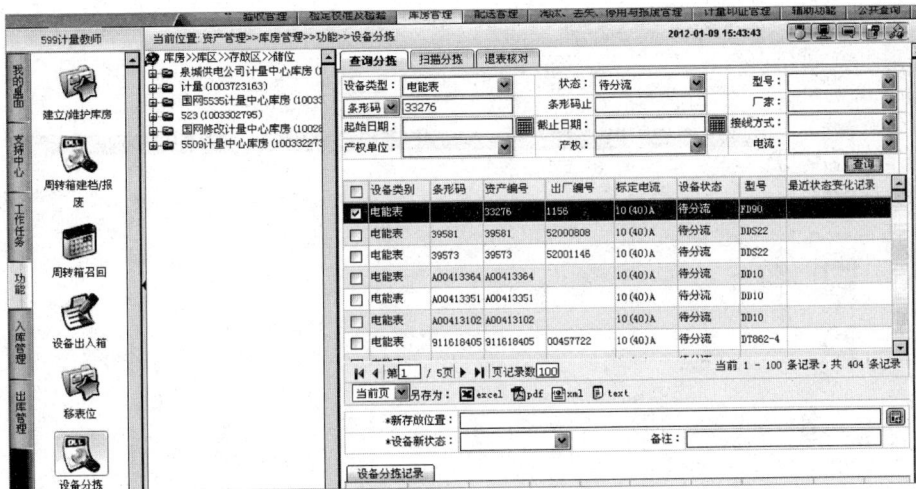

图 6-13　查询待分拣设备信息

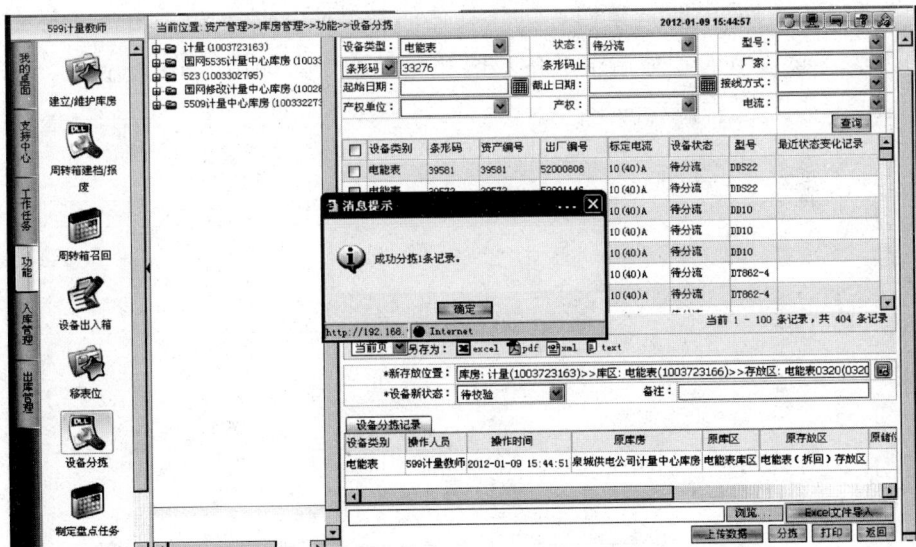

图 6-14　执行设备分拣

选择相应的库房和储位做入库处理。

图 6-15　领出未装入库

（4）设备建档入库。程序入口：资产管理>>库房管理>>入库管理>>设备建档入库，在左侧点击【设备建档入库】，根据设备选择建档栏目，例如互感器建档或电能表建档，进入具体的参数页，填入相关信息，标有*的参数，必须填入。最后生成条形码和相关编号，如图 6-16 所示。

图 6-16　设备建档

建档完成以后，切换到【设备入库】栏目，点击【查询出入库任务】，根据建档的某一设备的条形码或编号，进行任务查询，见图6-17。

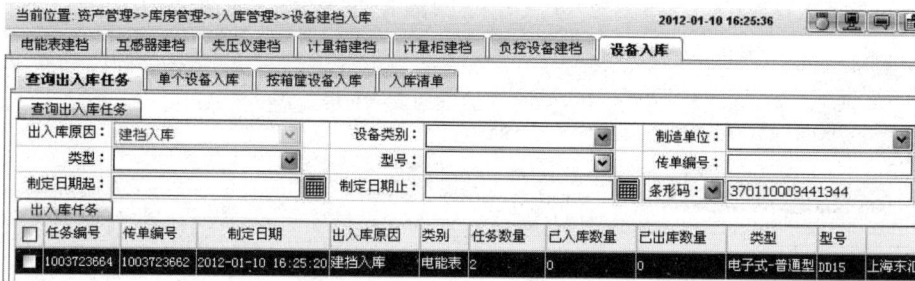

图 6-17　查询出入库任务

查选到建档设备以后，根据入库方式选择单个设备入库或者按箱筐设备入库，进行相关的操作，选择对应的库房位置，点击【入库】，完成该环节，如图 6-18 所示。

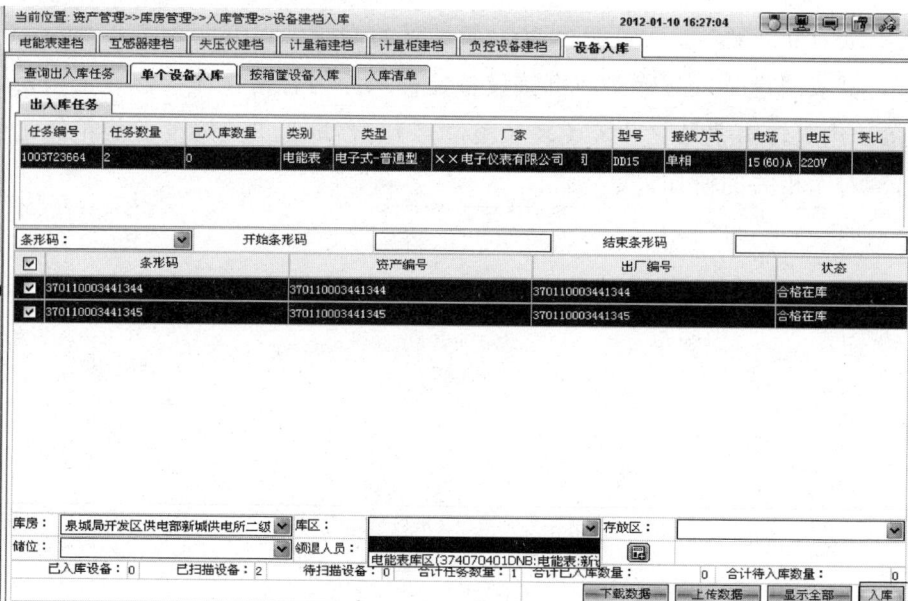

图 6-18　入库操作

设备入库以后，为了确认入库的正确性，点击入库清单，核对入库表计的条形码或编号，核对数量，在入库清单中核实，如图 6-19 所示。

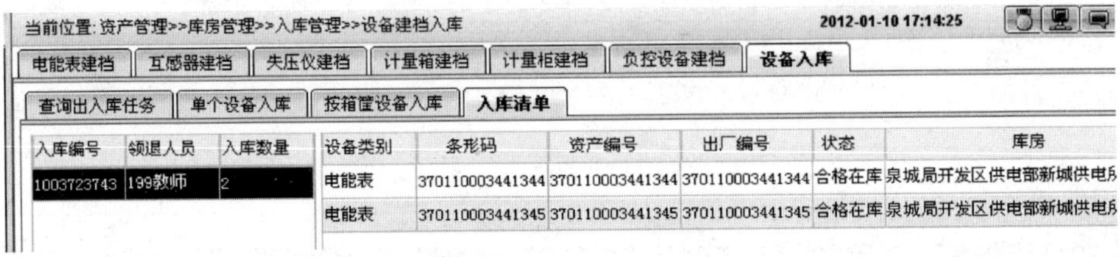
当前位置: 资产管理>>库房管理>>入库管理>>设备建档入库
2012-01-10 17:14:25
电能表建档
互感器建档
失压仪建档
计量箱建档
计量柜建档
负控设备建档
设备入库
查询出入库任务
单个设备入库
按箱筐设备入库
入库清单
入库编号
领退人员
入库数量
1003723743
199教师
2
设备类别
条形码
资产编号
出厂编号
状态
库房
电能表
370110003441344
370110003441344
370110003441344
合格在库
泉城局开发区供电部新城供电所
电能表
370110003441345
370110003441345
370110003441345
合格在库
泉城局开发区供电部新城供电所

图 6-19　入库清单

【操作实例】

低压电流互感器，设备建档入库操作。

型号参数为 LMZ1-0.5，匝数为 1，0.5S 级，功率因数为 0.8（L），额定电压为 0.5kV，二次负荷为 20，其他信息自填。

要求：建 3 只互感器，直接设备建档入库为合格在库（假设已检定合格），建周转箱型号 Z××（××座位号），容量为 8，按设备装箱筐进行出、入库相关的操作。

配送管理操作

【项目描述】

介绍配送管理的业务知识；通过配送需求、配送计划、配送执行三个部分，说明配送管理的相关流程操作。

【教学目标】

（1）了解配送管理的相关知识。

（2）熟悉配送管理的流程操作，可以对创建配送申请、制订配送月度计划、根据配送月度计划生成配送任务、配送的资产查询等环节进行熟练操作。

（3）理解配送管理的整个过程，并且可以根据实训任务要求，独立完成配送管理流程。

任务一 业务相关知识

【任务描述】

通过对设备的配送需求生成、配送计划制订、配送执行的业务介绍，使学员掌握配送管理的业务知识。

配送管理业务是对设备的配送需求生成、配送计划制订、配送执行工作进行管理。主要适用于电能表、互感器、采集终端等设备的配送。业务

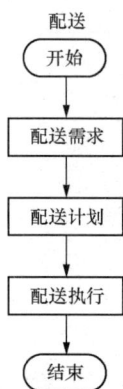

图 7-1 业务项流程

电力营销业务应用系统

项流程如图 7-1 所示。

由图 7-1 可知，配送业务项包括配送需求、配送计划、配送执行三个业务子项。

"大营销"建设完成以后，电能表、低压互感器和用电信息采集等设备的配送均由省级计量中心实施。

情境模拟：配送实训模拟新城供电所向其上级计量中心申请电能表情况（新城供电所的模拟系统实训工号为 1××，泉城计量中心的模拟系统实训工号为 5××）。操作作业分为配送需求、配送计划、配送执行三个部分。

任务二　创建配送申请

【任务描述】

通过对配送申请流程的操作学习，使学员掌握配送环节的角色关系和流程中实现的方法。

情境模拟：新城供电所根据自身的用表需求及相应的库存情况，发现需向上级单位泉城计量中心申请一些电能表，故创建一个配送申请流程，并将其发送到上级单位进行审批（标明电能表的参数）。配送申请流程图如图 7-2 所示。

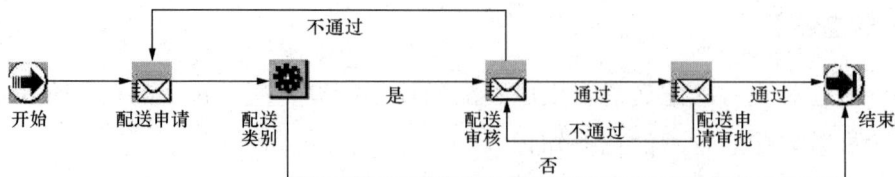

图 7-2　配送申请流程图

系统入口：资产管理>>配送管理>>功能>>配送申请，选取"配送类别"为"新设备配送"，选取合适的"需求类型"，"配送单位"应选择待配送资产所在单位（一般为上级单位），确认录入信息无误后，点击【保存】按钮，则保存本次配送申请信息，如图7-3所示。

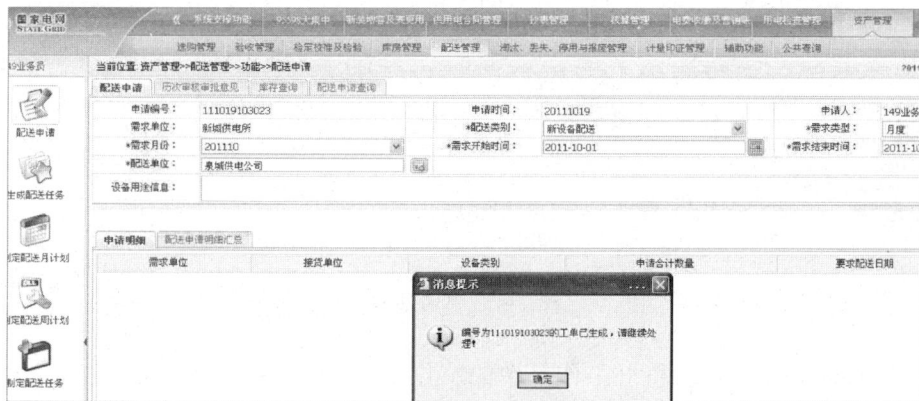

图7-3　配送申请

在"申请明细"子页中，选取合适的"需求单位"（发起申请单位）、"接货单位"（依然是发起申请单位）、"设备类别"、"要求配送日期"、"轮换数量"、"改造需求数"及"业务短期需求数量"等信息，确认无误后，点击【保存】按钮，则保存了该次申请明细信息；点击【技术参数】后的 按钮，弹出"扩展信息"窗口，可根据需要录入本次申请的资产设备的具体参数要求，录入完毕确认无误后，点击【保存】按钮，即可将该要求信息保存入明细信息中，如图7-4所示。

核对"申请明细"中申请信息及设备参数扩展信息无误后，点击【发送】按钮，流程将发送至"审核"环节。

点击【待办工作单】中的工作任务>>待办工作单>>配送需求>>配送审核，核对信息无误后，选取"审核意见"，录入"审核备注"，点击【保存】。

图 7-4　申请信息

　　更换工号，点击待办工作单中的工作任务>>待办工作单>>配送需求>>配送审批，核对信息无误后，选取"审核意见"，录入"审核备注"，点击【保存】，配送申请审批完后，点击【发送】按钮，则由下级发起的配送申请流程结束。

　　上级审批完成如图 7-5 所示，配送申请说明见表 7-1。

表 7-1　　　　　　　　　　　　　配送申请说明

序号	流程环节	工号	流程说明、注意事项及操作技巧
1	配送申请	1××	结合该情境任务，首先确定配送申请的需求单位和配送单位，"配送单位"须选择上级单位（待配送资产所在单位），"需求单位"须选择下级单位（需求申请单位），并保存（记录申请编号）；然后再增加相应的申请明细信息，确定需求设备类别、要求配送日期、数量及技术参数等。 　　注意：因为该系统不是为培训专门开发，所以在此每位学员需对各自的需求数量或要求配送日期作一个甄别（如 5 号机填入 10 月 5 号，35 号机填入 11 月 5 号；或数量结合日期甄别，如 42 号机可选配送数量为 3，日期为 11 月 12 号），以便制作配送月度计划时能选到自己的申请

续表

序号	流程环节	工号	流程说明、注意事项及操作技巧
2	配送审核	1××	查询自己的工作单号，模拟审核人员，保存后再发送
3	配送申请审批	5××	根据配送申请时确定的配送单位，该流程会发送到相应的配送单位（泉城计量中心），由相应的人员进行处理

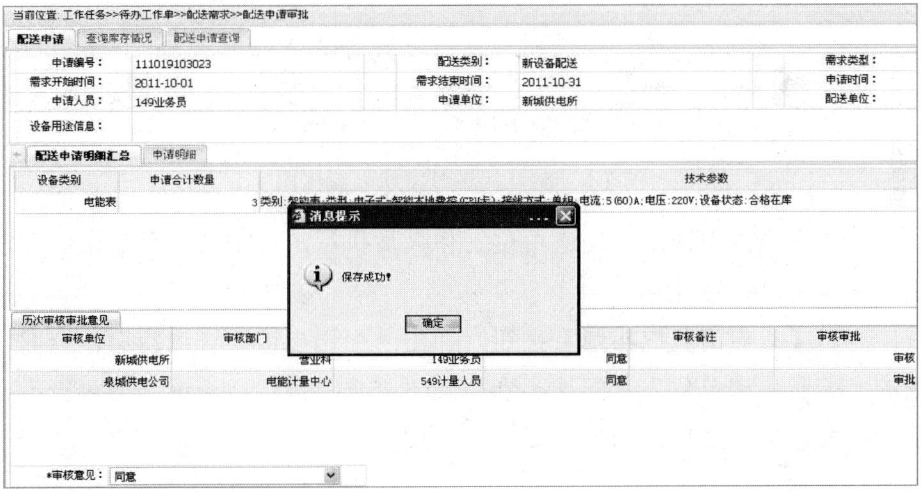

图 7-5　上级审批完成

【案例练习】

结合本次任务，学员在新城供电所登录，练习向上级单位申请配送普通型 DDS 开头的单项电能表。

任务三　制订配送月度计划

【任务描述】

通过对制订配送月度计划流程的操作学习，使学员掌握从申请中获取配送明细的方法。

情境模拟：泉城计量中心根据收到的配送申请，合理安排，制订相应的配送月度计划。

系统入口：资产管理>>配送管理>>功能>>制订配送月度计划。

制订配送月度计划流程图如图 7-6 所示。

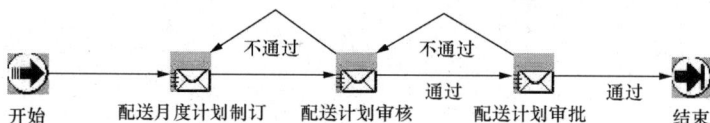

图 7-6　制订配送月度计划流程图

此操作应由申请中的配送单位工作人员执行，点击【保存】按钮后，制订本次配送月度计划。

点击【从申请获取明细】按钮，弹出"配送申请"查询窗口，选取合适的"配送申请单位"、"配送类别"及"需求月份"后查询，即可查询出由下级发起的配送申请信息，如图 7-7 所示。月度计划也可以自行选择参数信息添加。

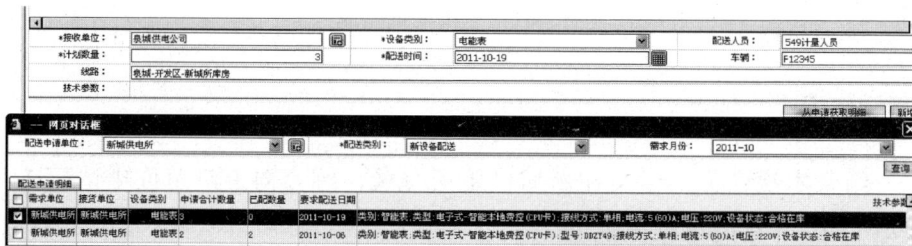

图 7-7　配送月度计划明细

点击【发送】按钮，流程将发送至"配送计划审核"环节。配送月度计划生成如图 7-8 所示。

点击待办工作单中的工作任务通过工作单号查询工作单，进行处理。点击【发送】按钮后，则本次配送月度计划制订完毕。

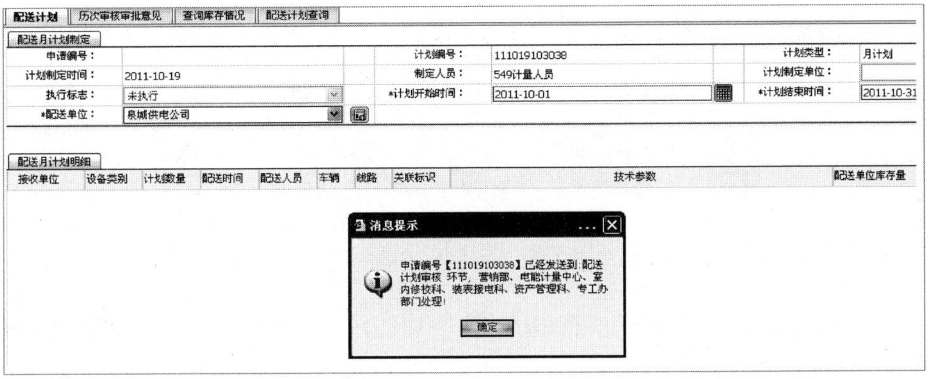

图 7-8　配送月度计划生成

月度计划制订说明见表 7-2。

表 7-2　　　　　　　　　　　　月度计划制订说明

序号	流程环节	工号	流程说明、注意事项及操作技巧
1	配送月度计划制订	5××	首先保存配送月度计划，然后再点击配送月度计划明细中的【从申请获取明细】按钮，在弹出窗口中根据申请数量和到货日期找到各自的配送申请，选择后点击确定，将其加入到月度计划明细中，再填入配送人员及车辆等信息，即可发送
2	配送计划审核		查询自己的工作单号，模拟审核人员进行审核，保存后再发送
3	配送计划审批		模拟审批人员，填入审批意见，保存后再发送

【案例练习】

根据任务二申请的需要，学员结合该任务完成设备的月度计划制订。

任务四　生 成 配 送 任 务

【任务描述】

通过执行相应的配送月度计划并使用周转箱完成配送任务执行的操作。

情境模拟：泉城计量中心执行相应的配送月度计划，将新城供电所需要的电能表按照相关要求进行配送，配送执行流程图见图7-9。

图 7-9　配送执行流程图

系统入口：资产管理>>配送管理>>功能>>月度计划制订配送任务，点击【从月度计划获取明细】，选择出自己制订的月度计划，输入配送相关信息，点击"生成并发送任务"。月度计划生成配送任务如图7-10所示。

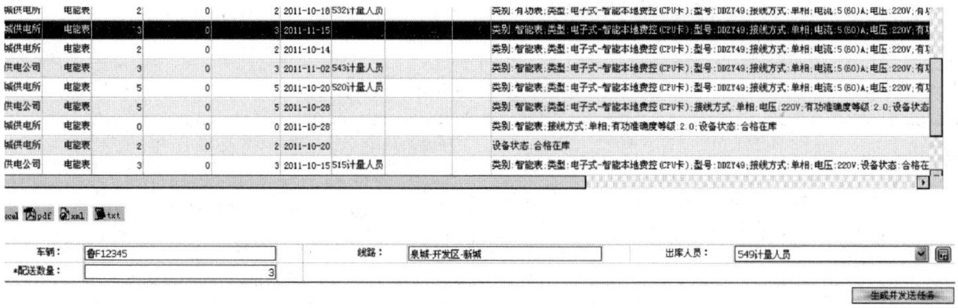

图 7-10　月度计划生成配送任务

点击待办工作单中的工作任务>>待办工作单>>配送执行>>配送出库，点击【显示全部】按钮，可查找出符合配送任务条件的待配送资产设备，为了学员操作和教学方便，出库操作需要采用按箱筐或条形码查询方式进行，具体箱筐的相关操作参照库房管理情境。填入车辆、线路出库人员及数量后，进行生成并发送任务操作，注意选择自己的任务。配送出库如图7-11所示。

选择"箱筐出库"，过滤超期设备上选择全部，输入待出箱条形码回车后，点击"出库"并发送。

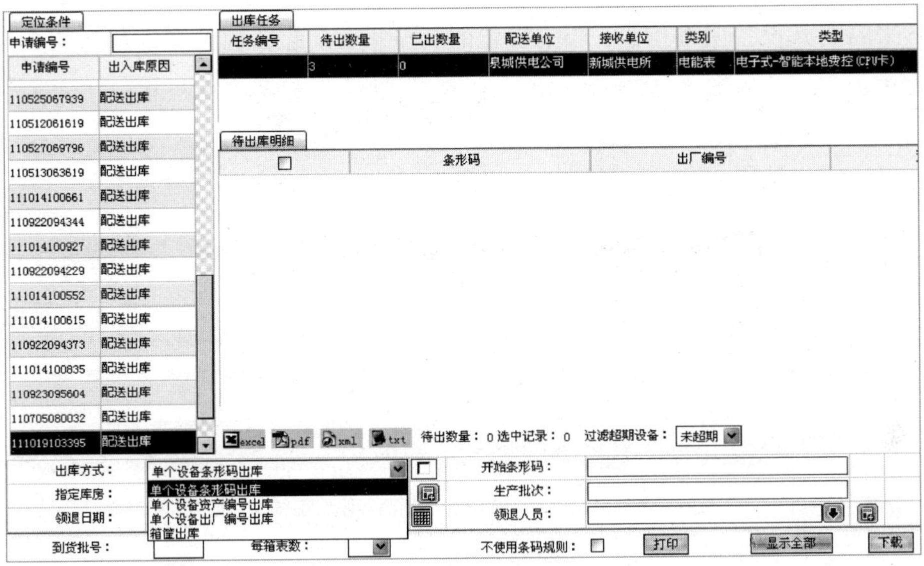

图 7-11 配送出库

当出库出现错误时，出现查找设备不能出库的错误提示，常见错误如下：

（1）检查待出库资产是否与出库任务中的规格信息一致。

（2）待出库资产是否在库房中，是否在仓库中具有储位；若不在，可通过移表位将该资产移入库房。

（3）周转箱是否为空，数量是否一致，是否在库房内。

（4）表计参数是否完全一致，查询参数是否对应。

通过"库房管理"或者"公共查询"后，根据具体情况来解决相关问题。

操作完成后进入新城供电所，进行如下操作：

由 1××工号登录，点击待办工作单中的工作任务>>待办工作单>>配送执行>>配送入库，此操作应为配送申请单位工作人员执行，选择按箱筐设备入库，输入箱筐条形码查询后，点击【显示全部】按钮，则显示配送下来的资产设备明细信息，选中需要的资产设备。选中待入库设备如图 7-12 所示。

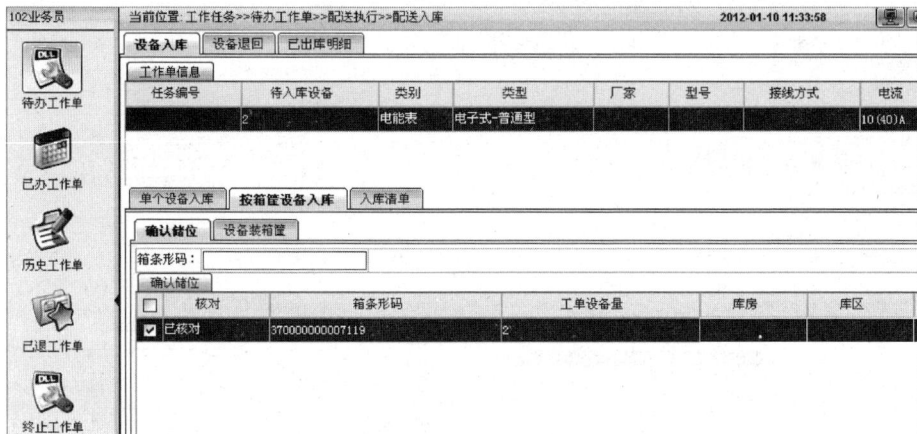

图 7-12　选中待入库设备

选取合适的库房信息及领退人员后，点击【确认储位】按钮，然后点击【入库】按钮，则将该批配送设备成功置入接收单位库房，如图 7-13 所示。

图 7-13　确定储位

切换到"入库清单"子页，可以查看已入库的资产设备明细信息，确认无误后，点击【发送】按钮，则完成本次入库操作，如图 7-14 所示。

以上为按照月度计划配送执行完成相关配送任务。

配送入库说明见表 7-3。

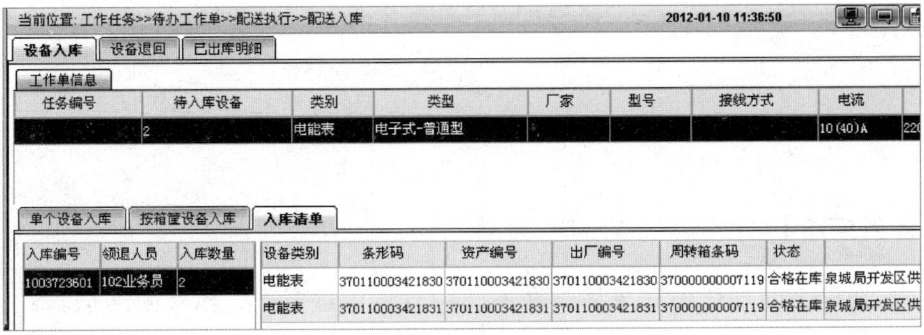

图 7-14 入库清单

表 7-3   配送入库说明

序号	流程环节	工号	流程说明、注意事项及操作技巧
1	配送任务	5××	在配送计划明细中，根据配送人员选择各自的配送计划（可根据配送日期和车辆线路等其他信息区别），点击"生成并发送任务"，发起配送执行的流程。 备注：注意记录跳出窗口的工作单编号，便于操作
2	配送出库	5××	在"配送出库"的业务界面点击"显示全部"，系统会根据配送表计的技术参数从表库中选择符合条件的电能表，按箱筐出库方式，勾选相应表计出库即可。 备注：因自动选择表计在多人同时操作时可能会出现出库相同表计的问题。所以，出库操作需要按箱筐或条形码查询方式进行
3	配送入库	1××	注意登录工号，根据配送申请的需求单位，该流程会发送到相应的需求单位，由相应的人员进行电能表入库处理，入库后应从入库清单中查询入库情况，并 "发送"工作单。"发送"后流程结束

【案例练习】

学完以上任务，学员结合任务二和任务三内容完成相关配送并进行入库操作。

以上操作采用月度计划执行方式完成配送流程，也可以采用制订月度计划后选择"制订配送周计划"，并通过"生成配送任务"来完成配送执行的任务。

任务五　配送的资产核对

【任务描述】

在以上配送任务完成后，在系统中查询计量资产、核实配送需求。

为了验证配送资产的准确性，可以在不同的库房，通过在"资产管理>>公共查询>>功能>>查询计量资产" 中输入配送的表计条形码，查询配送任务的完成情况，如图 7-15 所示；也可在"资产管理>>公共查询>>功能>>配送查询"下，查询配送情况。

当前位置:资产管理>>公共查询>>功能>>查询计量资产

| 电能表 | 互感器 | 其他设备 |

电能表资产查询

资产编号：		至：	
条形码：	370110003389099	至：	
箱条形码：		至：	
类别：		标定电流	
类型：		额定电压	
当前状态：		有功精度：	

电能表信息

	资产编号	条形码	出厂编号	类别	标定电流	电压	型号	接线方式	检定日期	出厂日期	管理单位
☑	370110003389099	370110003389099	370110003389099	智能表	5(60)A	220V	DDZY49	单相		2011-04-28	泉城供电

图 7-15　资产查询

【案例练习】

学完以上任务，通过不同工号登录，查询上、下级库房资产，理解资产在不同库房间变更，熟悉并理解配送管理的整个过程。

【操作实例】

泉城开发区新城供电所 2012 年 01 月，由于所在区域新建居民小区将要批量配置智能表，需一定数量费控智能表：型号 DDZY 开头，5（60）A，220V，预付费，CPU 型卡表。

该所今天向泉城计量中心发出需求申请，经过审批后，上级单位根据其需求制订本月配送计划，从计量中心库房选出符合要求的设备，并配送智能表到新城供电所，新城供电所核对验收设备并完成新城供电所设备的入库。

要求：泉城计量中心以 5××工号登录操作，新城供电所以 1××工号登录，选合格在库自建表计 3 只，采用箱筐操作，完成 3 个环节的工作单操作;并结合库房管理知识通过周转箱召回流程，结合条形码操作，最后将箱筐由新城召回到泉城。

配送管理操作

参 考 文 献

[1] 刘振亚. 国家电网公司信息化建设工程全书 八大业务应用典型设计卷 营销业务应用篇. 北京: 中国电力出版社, 2008.

[2] 杜泽芳. 电力营销专业培训项目作业指导书——初级、中级岗位. 北京: 中国电力出版社, 2009.

[3] 朱秀文, 等. 电力营销工作与管理技术. 北京: 水利水电出版社, 2011.

[4] 丁少军. 用电检查 (供电企业岗位技能培训教材). 北京: 中国电力出版社, 2009.

[5] 丁毓山. 电力营销管理手册. 2 版. 北京: 中国电力出版社, 2009.